✈ 기획 · tvN 〈벌거벗은 세계사〉 제작진
자유롭게 누군가를 만나고 여행하는 것이 점차 어려워질 무렵, 집에서 안전하게 세계 여행을 즐길 수 있는 프로그램을 만들었습니다. 여행지에 숨겨진 세계사까지 배울 수 있다면 더 좋겠다는 마음을 담아 만든 것이 〈벌거벗은 세계사〉입니다.

✈ 글 · 이현희
교양, 다큐멘터리 프로그램을 만드는 방송 작가로 일하면서 어린이들에게 세상의 유익한 정보와 재미있는 이야기를 전하고 싶어 어린이책을 기획하고 글을 쓰고 있습니다. 쓴 책으로는 《바이러스를 이겨 낸 위대한 처음》《4차 산업 혁명》들이 있으며 공통 집필한 책으로는 《모래 폭풍 속에서 찾은 꿈》이 있어요.

✈ 그림 · 최호정
어린 시절부터 그림 그리기를 좋아했으며, 대학에서 디자인을 공부했습니다. 어린이책에 그림을 그릴 때가 가장 행복합니다. 그린 책으로는 《그림으로 보는 삼국유사 3》《전설의 탐정, 전설희》《자두의 비밀 일기장》《안녕 자두야 과학 일기 14》《안녕 자두야 과학 일기 15》들이 있습니다.

✈ 감수 · 남성현
서울대학교 지구환경과학부에서 학사, 석사, 박사 학위를 받았습니다. 지금은 서울대학교 자연과학대학 지구환경과학부 및 학부대학 교수로 일하고 있습니다. 유네스코 정부간 국제해양학위원회(IOC)의 서태평양지역(WESTPAC) 부의장, 북태평양 해양과학기구(PICES) 등 국제기구에서 정부 대표로도 활동하며 '유엔 해양과학 10년(2021-2030)'을 비롯한 국내외 해양 과학 프로그램에 기여하고 있습니다. 쓴 책으로 《바다 위의 과학자》《기후위기+행동사전》《청소년을 위한 기후변화 에세이》《천재지변에서 살아남는 법》 등이 있으며, tvN 〈벌거벗은 세계사〉 JTBC 〈차이나는 클라스〉 등의 방송 프로그램에 출연했습니다.

✈ 감수 · 안윤주
이화여자대학교 생물학과를 졸업하고, 서울대학교 환경계획학과에서 석사 학위를 받은 뒤 미국 텍사스 A&M대학교에서 공학 박사 학위를 받았습니다. 지금은 건국대학교 환경보건과학과 교수로 일하며, 환경보건과 생태 독성 분야를 중심으로 활발한 연구를 이어가고 있습니다. 미국 환경청(US EPA) 산하 연구기관에서 연구원으로 지냈으며, 한국연구재단 전문 위원, 한국환경독성보건학회 회장 등을 역임했습니다. 쓴 책으로는 《토양복원공학》《토양위해성평가》 등이 있으며, 환경 문제에 대한 대중의 이해를 돕기 위해 tvN 〈벌거벗은 세계사〉에 출연하여 플라스틱과 환경 재난에 관한 해설을 전했습니다.

초등학생이 꼭 알아야 할 필수 세계사

벌거벗은 세계사

⓫ 바다 오염과 기후 위기로 보는 지구 환경사

기획 tvN 〈벌거벗은 세계사〉 제작진
글 이현희 그림 최호정 감수 남성현·안윤주

기획의 말

몇 년 전까지만 해도 사람들은 원할 때면 언제든지 세계 어딘가로 여행을 떠날 수 있었어요. 하지만 어느 날 갑자기 우리 삶에 들이닥친 코로나19로 인해 예전처럼 자유롭게 누군가를 만나고 여행하는 것이 점차 어려워졌어요.

그때 만들게 된 프로그램이 〈벌거벗은 세계사〉예요. '어떻게 하면 집에서 안전하게 세계 여행을 즐길 수 있을까?' 하는 고민에서 프로그램이 탄생하게 되었지요. 그리고 나아가서 여행지에 숨겨진 세계사까지 배울 수 있다면 더 좋겠다는 마음을 담았어요.

〈벌거벗은 세계사〉는 히스토리 에어라인을 타고 세계 곳곳을 온택트로 여행하며 우리가 몰랐던 세계의 역사를 다양한 관점으로 파헤쳐요. 지난 과거를 이렇게 파헤쳐야 하는 이유가 무엇일까요? 역사는 단순히 지나간 기록이 아니라 아직도 우리 곁에 머물러 있기 때문이에요. 세계가 어떻게 시작되었고, 다양한 문화적, 정치적 전통은 어떻게 형성되었으며 또 어떻게 상호작용하였는가를 알면 세상을 폭넓게 바라볼 수 있어요. 역사는 우리가 사는 세상을 제대로 이해하고 더 나은 방향으로 나아가게 하는 힘이 되어 주지요.

세계사를 알면 한국사 또한 더 재미있어져요. 우리나라의 역사도 세계사의 거대한 흐름과 맞물려 있기 때문이에요. 우리가 굴욕적으로 알고 있는 강화도 조약, 을미사변을 우리 역사 안에서만 보면 사건의 실상을 다 알 수 없어요. 당시 청과 일본, 러시아와의 관계, 각국의 경제 상황까지 함께 들여다보아야 사건의 원인과 결과를 자세하게 알 수 있어요. 이렇게 했을 때 과거의 일을 반면교사 삼아 같은 실수를 반복하지 않을 수 있어요.

이 책은 프로그램에서 방영되었던 방대한 역사적 사건들 중 초등학생이 꼭 알아야 할 필수적인 이야기를 엄선했어요. 이 책을 통해 어린이 독자 여러분들은 온택트 세계 여행을 하며 한 꺼풀 더 벗겨 낸 세계사의 진짜 모습을 볼 수 있을 거예요. 세계사를 처음 접하는 어린이 독자 여러분에게 이 책이 좋은 길잡이가 되길 바랍니다.

 제작진

등장인물

남바다

세계대학교 지구환경과학과 교수님

- 지구 환경과 기후를 연구하는 국내 최고 환경학자
- 바다 탐험과 조깅을 하며 쓰레기를 줍는 게 취미

강하군

세계사를 배경으로 한 게임에 푹 빠진 겜돌이. 엉뚱한 상상력으로 퀴즈 정답을 맞히는 은근 최상위권!

왕봉구

모든 걸 음식과 연결해 생각하는 먹방 유튜버. 세계 최고 요리사, '왕 셰프'를 꿈꾸지만 지금은 이름 때문에 '왕방구'가 별명!

공차연

얌전하고 새침해 보이지만 운동장에 나가면 누구도 따라올 수 없는 숏돌이 공격수. 반전 매력 폭발!

제니

환경 운동가 부모님을 따라 한국에 온 호주 소녀. 자연과 동물을 사랑하며 별명이 '에코 제니'일 정도로 환경에 진심!

차례

등장인물 소개 • 6
프롤로그 • 10

1부 쓰레기통이 된 바다

- 1장 바다 오염의 시작 • 20
- 2장 플라스틱의 역습 • 36

2부 지구 온난화가 불러온 기후 재난

- 1장 기후 변화의 서막 • 58
- 2장 호주를 뒤흔든 기후 재난 • 78

에필로그 • 108

tvN
〈벌거벗은 세계사〉
방송 시청하기

 ➜ 90화
 ➜ 170화
 ➜ 75화

✈ **역사 정보**

❶ 다른 시대 살펴보기 • **112**
❷ 역사 속 인물들 • **114**
❸ 국제 협력의 역사 • **116**
❹ 오늘날의 역사 • **118**
• 주제 마인드맵 • **120**

✈ **벌거벗은 세계사 퀴즈**

• 바다 오염 편 • **122**
• 기후 재난 편 • **124**
• 정답 • **126**

사진 출처 • **127**

프롤로그

"강하군! 조심해."

인터넷 방송을 하던 왕봉구가 소리를 질렀어요. 그 순간 축구공이 날아와 강하군이 들고 있는 음료수 페트병을 툭 쳐서 떨어뜨렸어요.

"미안해. 축구 연습하다 공을 잘못 찼어."

공차연이 달려와 사과하자 강하군이 가슴을 쓸어내리며 한마디 했어요.

"공차연! 축구 연습 좀 살살해. 깜짝 놀랐잖아."

"어디 안 다쳤어? 음료수 대신 물이라도 마실래?"

옆에서 상황을 지켜보던 여자아이가 손에 든 텀블러를 강하군에게 건네며 말했어요.

"오, 고마워! 잘 마실게. 네가 이번 여행 메이트구나. 반가워, 난 게임왕 강하군이야."

"반가워. 나는 제니야. 엄마, 아빠는 영국 사람인데 난 호주에서 태어나 살다 왔어."

에구, 연습 좀 살살해야겠어.

제니가 자기소개를 하자마자 왕봉구가 끼어들었어요.

"안녕, 나는 왕 셰프를 꿈꾸는 왕봉구, 얘는 축구에 푹 빠져 사는 공차연

이야. 그런데 네 모자랑 가방이 독특하고 멋지다."

"고마워. 가방은 과자 포장지를 재활용해서 만들었고, 모자는 플라스틱 음료 페트병을 재활용했어. 내 꿈이 환경 운동가라 재활용에 관심이 많아. 그래서 별명도 에코 제니지."

"와, 대단한데? 난 먹고 남은 쓰레기는 뭐든 그냥 버리는데……."

"왕방구는 오직 먹는 것밖에 모르거든."

"강하군! 넌 게임 생각밖에 안 하잖아. 그리고 방구 말고 봉구라고 부르라니까."

여느 때처럼 강하군과 왕봉구가 티격태격하던 그때였어요.

어깨에 망태기를 맨 남자가 히스토리 에어라인에서 내려오더니 바닥에 떨어진 음료수 페트병을 집게로 집으며 말했어요.

"쓰레기를 아무 데나 버리면 안 돼요."

"앗, 버린 게 아니라 실수로 떨어뜨린 거예요. 그런데 미화원 아저씨, 히스토리 에어라인에 마음대로 들어가시면 안 돼요. 저희가 곧 저걸 타고 세계사 여행을 떠나야 하거든요."

공차연이 망태기 속 쓰레기 악취에 코를 막고 말했어요.

"하하, 만나서 반가워요. 저는 환경 세계사 여행을 안내할 남바다 교수랍니다. 지구 곳곳을 누비며 환경과 기후 변화를 연구하고 있지요. 조깅하면서 쓰레기를 줍는 **플로깅**을 하다가 급히 오다 보니 복장이 이렇게 됐네요."

"교수님이셨군요! 그런데 기후에도 역사가 있어요?"

어느새 콧구멍을 휴지로 막은 왕봉구가 물었어요.

"그럼요. 지구는 탄생한 이후 46억 년 동안 수많은 **기후 변화**를 겪어 왔어요. 거의 전 대륙이 꽁꽁 얼 정도로 추울 때도 있었고, 지금보다 따뜻할 때도 있었어요. 그때마다 인류는 인구 감소로 멸망을 겪기도 하고, 번성을 누리기도 했어요. 세계사를 바꾸는 중요한 요소 중 하나가 바로 환경이랍니다."

"요즘 환경 오염도 심하고, 기후도 변하는 것 같아요. 비가 너무 많이 오거나 겨울인데 별로 안 추운 날이 많거든요."

제니가 잔뜩 흥분한 목소리로 말했어요.

"맞아요. 현재 지구는 인류 역사상 정말 최악의 위기를 맞았어요. 갈수록 **환경 오염**이 심해지고, **기후 위기**로 극심한 폭우와 대홍수, 가뭄, 초대형 산불 같은 자연재해도 심해지고 있어요. 이대로라면 바다는 물론 **지구 생태계**까지 붕괴될 수 있지요. 대체 지구 환경의 위기는 언제, 왜 시작된 걸까요? 지구 환경 탐험대가 되어 그 역사를 벌거벗기러 가 볼까요?"

아이들은 남바다 교수님을 따라 히스토리 에어라인에 탑승하기 시작했어요. 설레는 마음으로 성큼성큼 계단을 올랐지요.

"좋아요. 벌써 지구를 지키는 환경 지킴이가 된 기분이야."

강하군이 어깨를 으스대며 말했어요. 그 순간, 히스토리 에어라인이 잠수함으로 바뀌고, 창밖으로 신비로운 바닷속 풍경이 펼쳐졌어요. 처음 탑승한 제니를 비롯해 강하군과 왕봉구, 공차연까지 바다 풍경을 감상하느라 정신이 없었어요.

"지구 환경 탐험대, 모두 탑승 완료했죠? 그럼, 출발!"

지구 환경의 위기를 벌거벗기러 떠나 봅시다!

이건 바다거북, 저건 향유고래네.

HISTORY AIRLINE Boarding Pass

1부
쓰레기통이 된 바다

FROM S.KOREA　TO UNITED KINGDOM

❶ 바다 오염의 시작
❷ 플라스틱의 역습

영국

국가명	그레이트 브리튼 북아일랜드 연합 왕국
수도	런던
민족	잉글랜드인, 스코틀랜드인, 웨일스인, 북아일랜드인
먹을거리	피시 앤 칩스
종교	기독교(46.2%), 이슬람교(6.5%), 힌두교(1.7%), 무교(37.3%)
언어	영어

세계사
- 영국 템스강 대오염 사건 **1858년**
- 영국 프린세스 앨리스호 침몰 **1878년**
- 플라스틱 시대를 연 베이클라이트 발명 **1907년**

한국사
- **1989년** 여수 화학 공장 폭발 사고

지구의 3분의 2를 차지하는 바다는 생명의 보고예요. 수많은 생명을 탄생시키고 보금자리를 만들어 주었지요. 그런데 이토록 소중한 바다가 병들어 가고 있어요. 사람들이 바다를 마치 쓰레기통처럼 여기며 온갖 오폐수와 플라스틱, 핵폐기물 등을 마구 버렸기 때문이에요. 이대로라면 수십 년 안에 바다 생태계는 물론 인간의 삶까지 붕괴될 수 있어요. 환경 오염으로 인류 최악의 위기를 맞은 바다의 진실을 지금부터 벌거벗겨 보아요.

대한민국

| 미국 쿠야호가강 화재 사건 **1969년** | | 1991년 낙동강 페놀 오염 사건 | 1995년 씨프린스호 기름 유출 사고 | 북태평양 쓰레기 섬 발견 **1997년** |

바다 오염의 시작

여러분, 우리는 첫 번째 여행지, 영국의 수도인 런던에 도착했어요. 런던 시내를 중심으로 흐르는 템스강은 오랫동안 런던의 물자 수송로이자 상수원 역할을 하며, 산업·문화·정치의 중심지로 기능해 왔어요. 346킬로미터 길이의 강줄기를 따라가다 보면 옥스퍼드 대학, 햄프턴 코트 궁전, 영국 국회의사당도 만날 수 있지요. 그런데 템스강은 한때 심각한 오염 문제로 악명을 떨쳤어요. 대체 템스강에는 무슨 일이 있었을까요? 그 이야기를 하려면 18세기로 거슬러 올라가야 해요. 지금부터 하나씩 벌거벗겨 봅시다.

1858년 템스강에서 열린 옥스퍼드-케임브리지 대학 보트 경주 ↑

템스강, 죽음의 강이 되다

영국 템스강은 원래 어종이 풍부하고 깨끗한 강이었어요. 그런데 18세기 중반, 산업 혁명이 시작되면서 런던에는 수많은 공장이 들어서고, 인구가 크게 증가했어요. 그때부터 템스강은 어떤 물고기도 살지 못하는 '죽음의 강'이 되고 말았어요.

1858년 템스강의 모습을 그린 만평을 보면 해골이 저승사자처럼 검은 망토를 두르고 노를 젓고 있어요. 강물은 오염 물질로 뒤덮여 있고, 그곳에는 정체 모를 생명체들이 죽은 채 떠다니고 있지요. 배경에는 공장 굴뚝에서 뿜어져 나오는 연기가

↑ 죽음의 강이 된 템스강

도시를 뒤덮고 있어요. 당시 수질 오염이 얼마나 심각했는지 짐작할 수 있지요.

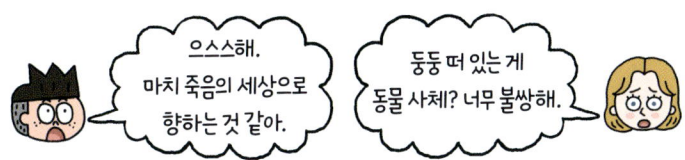

당시 템스강에는 수질 오염보다 더 심각한 문제가 있었는데, 바로 악취였어요. 시민들은 고약한 악취 때문에 살 수 없다며 런던을 빠져나갔어요. 강변에 있던 영국 국회의사당도 악취로 인해 임시 폐쇄되었지요. 회의를 할 때마다 창문 틈새를 꽁꽁

막았지만 소용이 없었거든요.

   템스강에서 이토록 고약한 악취가 난 이유는 무엇이었을까요? 수많은 공장들이 산업 폐수를 정화 작업 없이 그대로 강에 흘려보냈고, 각 가정에서도 대소변을 강에 버렸어요. 이렇게 쌓인 오폐수 때문에 강에서 온갖 박테리아와 세균이 번식한 거예요. 게다가 폭염까지 겹치면서 템스강은 도무지 참을 수 없는 끔찍한 악취를 풍기게 되었지요. 악취가 얼마나 심했는지 영국에서는 1858년을 '대악취의 해'라고 기록했어요.

프린세스 앨리스호 침몰 사건

↑ 프린세스 앨리스호
침몰 사고 당시 팸플릿

영국은 템스강의 수질 오염을 그대로 방치했어요. '대악취의 해'로부터 20년이 지난 1878년 9월, 증기 여객선인 프린세스 앨리스호가 석탄 운반선인 바이웰 캐슬과 충돌해 침몰하는 사고가 발생했어요. 이 사고로 승객 800여 명 중 무려 600여 명이 사망했어요.

 그런데 놀랍게도 사망 원인은 익사가 아니라 질식사였어요. 사람들이 강에 빠지면서 템스강의 오염된 폐수를 마셔 숨진 거예요. 겨우 살아남은 사람들도 갖가지 질병에 걸려 고통의 시간을 보내야 했지요. 결국, 템스강 오염을 방치한 대가로 엄청난 인명 피해가 발생한 셈이에요.

 템스강의 오염 피해는 여기서 끝나지 않았어요. 더럽고 냄새나는 강물이 영국과 유럽 사이에 있는 북해로 흘러들어, 결국 바다까지 오염시키고 말았어요.

 20세기 무렵, 바다 오염은 더욱 심각해졌어요. 제1, 2차 세계 대전이 끝난 후, 남은 핵폐기물을 바다에 무분별하게 버렸기

때문이에요. 당시에는 핵폐기물에 대한 처리 규정이 없었어요. 영국은 아무 눈치도 보지 않고 수천 톤에 달하는 핵폐기물을 바다에 버렸어요. 그러자 프랑스와 러시아 등 다른 나라들도 똑같이 행동했어요.

핵폐기물 외에도 총이나 탱크와 같이 쓸모없어진 무기들도 바다에 버려졌어요. 아일랜드와 영국 사이에 있는 보퍼트 제방 앞바다에는 영국이 버린 전쟁 무기가 약 100만 톤이나 잠겨 있지요. 이렇게 각종 무기와 탱크, 잠수함이 버려지면서, 지금도 유럽 바다에서는 많은 양의 중금속이 흘러나오고 있어요.

그런데 왜 하필 바다에 쓰레기를 버리는 방법을 선택했을까요? 사람들은 바다가 지구 표면의 3분의 2를 차지할 만큼 넓고, 수심도 끝이 없을 만큼 깊다고 여겼어요. 그러니 아무리 많은 쓰레기를 버려도 문제가 없을 거라고 생각한 거예요.

당시에 바다는 잘 알려지지 않은 미지의 세계였어요. 해양 연구도 모든 자연 과학 중에서 가장 늦게 시작되었지요. 비록 출발은 늦었지만 본격적인 해양 연구가 진행되면서 바다에 대한 놀라운 사실들이 지금까지도 하나, 둘 밝혀지고 있어요.

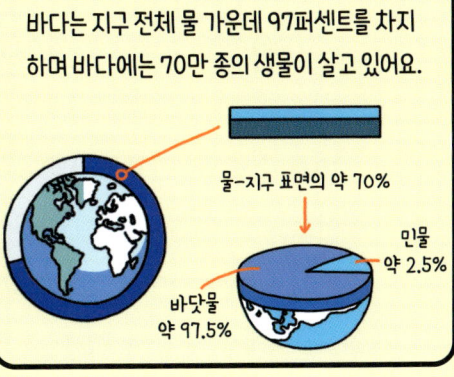

소비 혁명과 플라스틱의 등장

20세기 중반, 인류는 산업화와 함께 풍요로운 시대를 맞이했어요. 자동차를 비롯해 전자 제품, 생필품 등이 공장에서 대량으로 만들어지면서 사람들은 더욱 쉽게 소비할 수 있게 되었어요. 대량 생산과 함께 소비 혁명이 시작된 거예요. 그 무렵, 바다를 더욱 병들게 만드는 새로운 골칫거리가 등장했어요. 바로 플라스틱이에요.

플라스틱은 열이나 압력을 가해 다양한 형태로 만들 수 있는 화합물이에요. '원하는 모양으로 만들기 좋다'라는 뜻의 고대 그리스어인 '플라스티코'에서 유래했지요. 또 플라스틱은 합성수지라고도 불려요. 수지는 나무에서 나오는 송진이나 벌레 분비물 등 자연에서 얻을 수 있는 끈적한 성분을 말해요. 예전에 수지는 전부 자연에서 얻었어요. 그러다 자연에서 얻은 수지와 비슷한 물질을 인공적으로 조합하여 합성수지를 만들어 내

↑ 나무에서 나오는 천연수지

자, 이를 플라스틱이라고 부르게 되었어요.

20세기 초 발명된 플라스틱은 다양한 모습으로 쉽게 변형할 수 있는 데다가 가볍고 튼튼했어요. 1930년대 석탄 대신 석유 생산이 늘어나면서 플라스틱은 저렴하게 대량 생산이 가능해졌어요. 석유에서 플라스틱의 재료인 탄소를 만들 수 있게 되었거든요. 제2차 세계 대전 동안 모든 군사 장비를 만드는 데 필수 자재로 사용되면서 플라스틱의 수요도 크게 증가했어요.

전쟁이 끝난 후, 1950년대에 이르면서는 플라스틱 전성기가 시작되었어요. 비닐봉지, 옷, 음료 페트병, 포장 용기 등 온갖 제품에 사용되면서 사용량이 빠르게 늘어났어요. 플라스틱은 내구성이 뛰어나 튼튼해서 반영구적으로 사용할 수 있는 소재예요. 그런데도 더 많은 소비와 생산을 하기 위해 대부분은 한 번 쓰고 버리는 일회용품으로 만들어졌어요.

1955년 미국의 한 생활 잡지에는 하늘에서 일회용 플라스틱이 비처럼 쏟아지는 사진과 함께 '쉽게 쓰고 버리는 삶'이란 제목이 붙은 광고가 실렸어요. 플라스틱을 사용하면 노동 시간

이 획기적으로 줄어들어 생활이 편리해진다는 의미가 담겨 있었지요. 사람들은 쉽게 쓰고 쉽게 버리는 편리함에 빠져 헤어나지 못했어요.

얼마나 신나게 사용했는지 1950년 당시 150만 톤에 달했던 플라스틱 생산량이 2019년에는 무려 4억 6천만 톤으로 늘었어요. 300배 이상 증가한 셈이지요. 전 세계 인구 무게와 맞먹을 정도라니, 얼마나 많은 플라스틱이 생산되었는지 알 수 있겠죠? 이 놀라운 증가는 결국 플라스틱이 지구 환경과 인류 건강에 돌이킬 수 없는 피해를 줄 수 있다는 경고이기도 해요.

플라스틱이 발명되기 전, 19세기에는 당구공을 코끼리 상아로 만들었어요.

코끼리의 치아가 상아예요.

상아 하나로는 당구공을 네 개밖에 만들지 못했어요. 비싼 가격에도 미국 상류 사회에서는 당구가 큰 인기를 끌었지요. 그 바람에 연간 1천 마리가 넘는 코끼리가 희생됐어요.

= ◯◯◯◯ = 93만원

코끼리 개체 수가 줄고 상아 가격이 폭등하자 사람들은 상금을 걸고 당구공을 만들 새로운 소재를 찾았어요.

상아 대체할 물질 찾으면 1만 달러!

대체할 게 있을까?

1869년, 뉴욕 인쇄공 존 하얏트가 수많은 실패 끝에 최초의 플라스틱 '셀룰로이드'를 발명했어요.

플라스틱으로 당구공을 만들었어.

1907년 미국 화학자 베이클랜드는 잘 깨지지 않고 열에 강한 최초의 합성수지 플라스틱을 발명했어요.

내 이름을 따서 '베이클라이트'라고 불리야지.

베이클라이트가 세상에 나온 이후로 플라스틱 시대가 열렸답니다.

플라스틱, 축복에서 재앙으로

플라스틱은 우리의 삶을 편리하게 바꾸었지만, 편리함에는 대가가 따랐어요. 신의 축복이었던 플라스틱이 인간과 지구 생태계를 위협하는 치명적인 재앙으로 돌변한 거예요.

대량 생산된 플라스틱은 쉽게 사용되고 금방 버려졌어요. 사람들은 이런 플라스틱 쓰레기를 바다에 특히 많이 버렸어요. 가뜩이나 산업 폐수와 핵폐기물, 화학 무기들로 오염된 바다는 플라스틱 쓰레기까지 더해져 심각하게 병들어 갔어요. 급기야 1969년 유럽 발트해에서는 비소 함량이 비정상적으로 높게 검출되었

> **비소**
> 인간의 건강에 위험을 일으키는 독성 물질.

어요.

그런데 같은 해, 미국에서도 환경 오염의 심각성을 일깨우는 대형 화재 사고가 발생했어요.

쿠야호가강 화재 사건

1969년 6월, 미국 클리블랜드의 쿠야호가강에는 당시 공장에서 흘려보낸 기름과 화학 폐기물 등의 오염 물질이 가득 떠다녔어요. 쿠야호가강을 가로지르는 철교 위를 지나가던 한 화물 열차 차량에서 불꽃 하나가 떨어졌어요. 그 불꽃이 강 위에 떠 있던 기름층에 닿자 순식간에 불길이 번지면서 시커먼

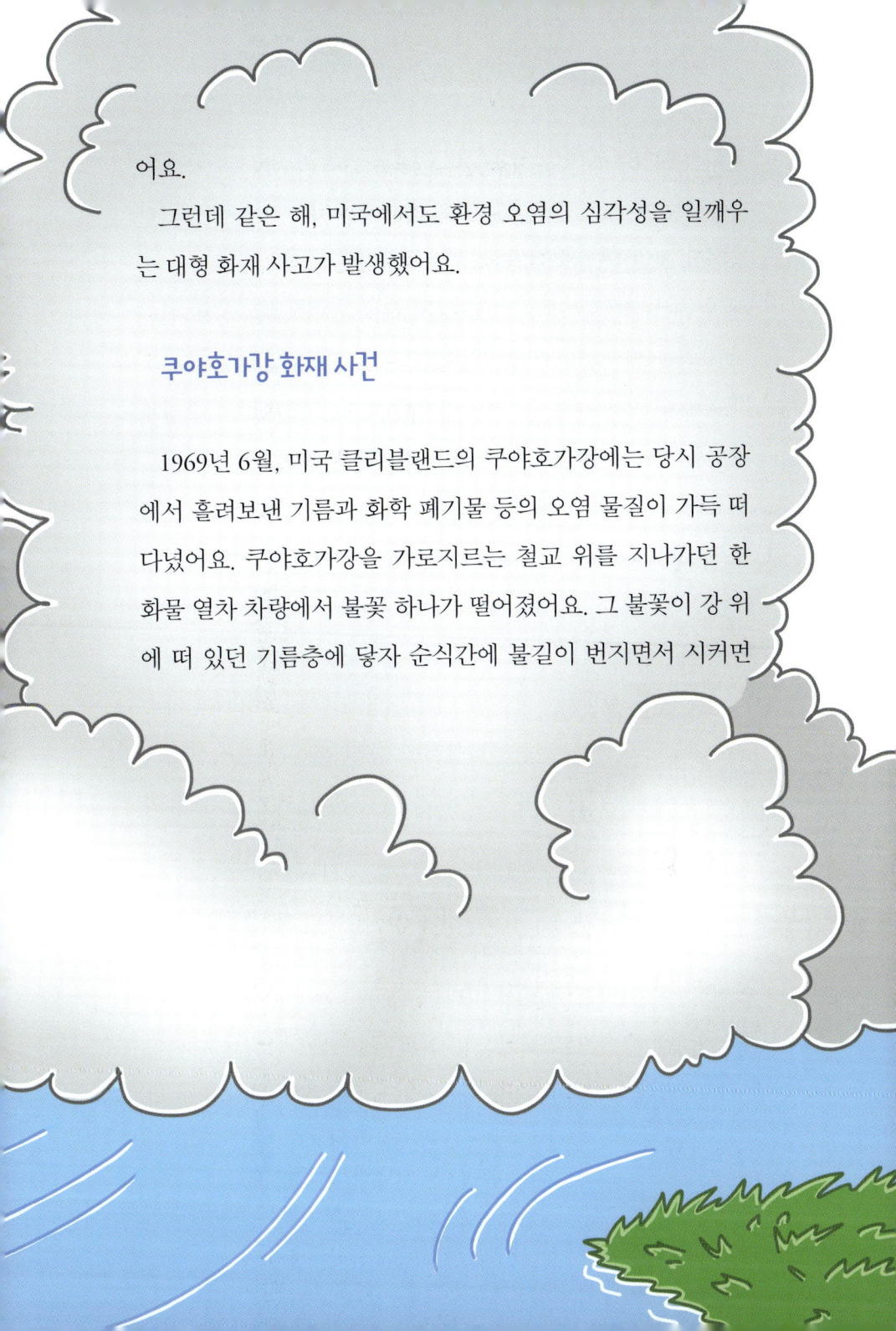

연기가 하늘을 뒤덮었어요.

　무더운 한여름, 강에서 불이 난 거예요. 사람들은 이 끔찍한 장면을 보고 큰 충격에 빠졌어요. 쿠야호가강 화재 사건을 통해 오염된 강물이 얼마나 큰 재앙을 불러올 수 있는지, 또 인간이 자연을 훼손하면 그 대가가 인간에게 되돌아온다는 사실을 깨닫게 되었지요. 이 사건을 계기로 미국은 1972년에 수질관리법을 만들고 환경 오염 문제를 관리하기 시작했어요.

　국제 사회도 환경 오염 문제를 해결하기 위한 방안을 마련했어요. 1972년, 해양 오염을 방지하기 위한 최초의 국제 협약인 '런던 협약'을 체결한 거예요. 영국, 미국, 프랑스, 독일 등 87개국이 참여해 바다를 보호하는 일에 함께 나서기로 약속한 이 협약을 통해 쓰레기뿐만 아니라 유독성이 강한 수은과 카드뮴, 원유와 핵폐기물 등도 바다에 버릴 수 없도록 규정했지요.

　하지만 이 협약은 제대로 지켜지지 않았어요. 이 협약을 반드시 따라야 한다는 강제성이 없었거든요. 바다에 무단으로 폐기물을 버리는 나라가 있어도 국제적으로 처벌할 규정조차 없었지요. 결국 런던 협약 이후에도 바

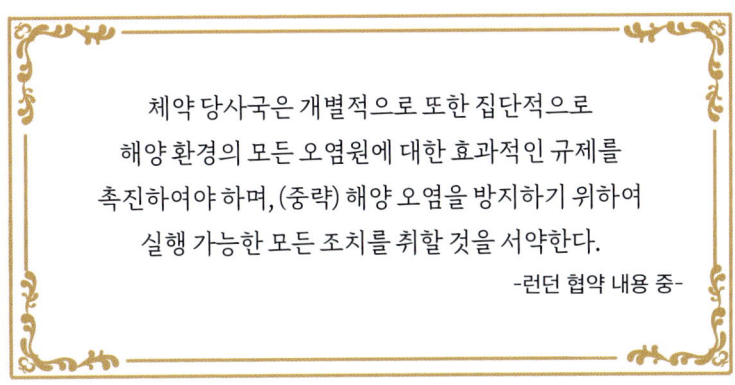

> 체약 당사국은 개별적으로 또한 집단적으로
> 해양 환경의 모든 오염원에 대한 효과적인 규제를
> 촉진하여야 하며, (중략) 해양 오염을 방지하기 위하여
> 실행 가능한 모든 조치를 취할 것을 서약한다.
> -런던 협약 내용 중-

다는 여전히 쓰레기 처리장처럼 사용되었어요.

이런 한계를 보완하기 위해 1996년, 한 단계 발전된 '런던 의정서'가 새롭게 채택되었어요. 우리나라를 비롯해 총 54개국이 가입했는데, 런던 협약에서는 특정 유해물질의 해양 투기만 금지했다면, 런던 의정서에서는 모든 폐기물의 투기를 금지하고 예외를 허용하는 방식으로 기준이 강화되었어요.

하지만 여전히 각국의 폐수와 폐기물들이 바다에 버려지고 있어요. 불법 투기를 막을 감시 체계가 부족하고, 규정을 위반해도 명확한 처벌이 따르지 않기 때문이에요. 해양 오염 문제를 근본적으로 해결하기 위해서는 더 강력한 국제적인 규제와 이를 지킬 수 있도록 하는 실질적인 조치가 필요해요.

자, 그럼 이쯤에서 두 번째 여행지인 북태평양의 한 섬으로 떠나 볼까요?

# 2장 플라스틱의 역습

여러분, 이곳은 하와이와 캘리포니아 사이에 있는 북태평양의 쓰레기 섬이에요. 섬이라고 부르기 때문에 플라스틱으로 된 딱딱한 무인도라고 상상하기 쉽지만, 사실은 바닷물에 플라스틱 조각들이 층층이 떠 있는 걸쭉한 플라스틱 수프 같은 모습이에요. 크기도 우리가 생각하는 것 이상으로 어마어마하게 커요. 전체 무게는 약 8톤으로, 1조 8천억 개 가량의 쓰레기들이 모여 있다고 해요. 얼마나 큰 규모인지 상상이 되나요?

북태평양의 이 거대한 쓰레기 섬은 언제, 어떻게 생겨난 걸

아이고, 그물에 물고기가 아니라 플라스틱이 잡혔어.

바다에 그만큼 쓰레기가 많다는 거겠지.

까요? 그리고 이 수많은 쓰레기들은 바다에 어떤 영향을 미치고 있을까요? 지금부터 그 이야기를 시작해 볼게요.

지도에 없는 섬, 북태평양 쓰레기 섬

1997년, 미국에서는 로스앤젤레스에서 하와이까지 가는 국제 요트 경주가 열렸어요. 이 경주에 참여한 찰스 무어 선장은 북태평양 캘리포니아 앞바다를 항해하던 중 매우 이상한 광경을 마주했어요.

마치 영화 속 한 장면처럼 갑자기 바람이 멈추고, 물살이 잔잔해지면서 요트가 멈춰 버린 거예요. 그 순간, 찰스 무어 선장

의 눈앞에 믿기 힘든 풍경이 펼쳐졌어요. 페트병, 병뚜껑, 비닐봉지 등이 끝도 없이 바다에 떠 있는 게 아니겠어요? 그 모습은 마치 바다 위에 거대한 인공 섬이 떠 있는 것 같았어요.

하지만 문제는 이 쓰레기들이 단순히 바다 표면에만 떠 있는 것이 아니라, 해수면 아래와 심지어 해저 깊은 곳까지 가득 차 있다는 점이었어요.

찰스 무어 선장은 자신이 발견한 이곳을 '거대한 태평양 쓰레기 지대'라고 부르며, 이렇게 말했다고 해요.

"육지로부터 몇 천 킬로미터 떨어진 곳에 쓰레기가 있다는 것은 마치 달에 쓰레기가 있는 것과 비슷한 이야기이다. 우리는 며칠 동안 태평양 한가운데 바람 한 점 없는 고요한 수면 위를 모터에 의지해 지나갔다. 그동안 쓰레기들은 계속 그 자리에 있었다."

배로 며칠을 지나야 할 만큼 거대한 쓰레기 섬의 존재가 알려지자, 전 세계는 큰 충격에 휩싸였어요. 그리고 궁금해했지요.

"대체 왜 사람들이 사는 육지 근처가 아닌 먼 바다 한가운데에 거대한 쓰레기 섬이 만들어진 걸까?"

해류가 만든 쓰레기장

호기심이 생긴 찰스 무어 선장은 환경 운동가가 되어 쓰레기 섬의 정체를 추적했어요. 그 결과, 바다에 버린 쓰레기들은 자연적으로 사라지는 것이 아니라, 해류의 흐름에 따라 한곳으로 모인다는 사실을 알게 되었지요.

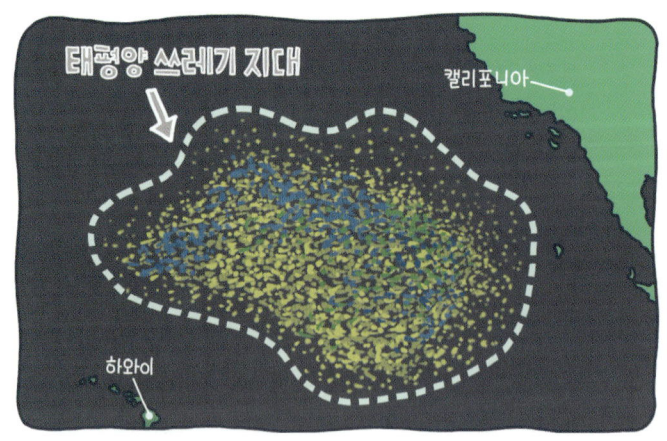

↑ 찰스 무어가 발견한 태평양 쓰레기 지대

바다는 염분, 바람, 지구 자전의 영향 등으로 인해 일정한 방향으로 흐르는데, 이를 '해류'라고 해요. 해류는 마치 바다 속 보이지 않는 도로처럼, 전 세계를 일정한 패턴을 따라 움직여요. 특히 해류는 보통 원형의 소용돌이 형태로 순환하는데, 그 중심 부근에는 흐름이 거의 없는 정체 구역이 생기지요. 이처럼 거대한 쓰레기 섬은 사람들이 바다에 버린 쓰레기가 해류를 타고 움직이다가 한곳에 모이면서 만들어진 거예요.

문제는 이 쓰레기 섬이 점점 커지고 있다는 점이에요. 쓰레기 섬이 처음 발견된 1997년 당시 면적은 한반도의 7배였어요. 그런데 매년 쓰레기들이 점점 더 쌓이면서, 2007년에는 면적이 무려 한반도의 16배 크기에 달하는 160만 제곱킬로미터로 확장되었어요. 그야말로 초대형 쓰레기 섬이 된 거예요.

게다가 플라스틱은 자연적으로 분해되지 않기 때문에, 시간이 지나도 쉽게 사라지지 않아요. 오히려 점점 잘게 부서져 해양 생태계를 더 심각하게 위협하지요. 전문가들은 현재와 같은 추세라면, 2050년에는 태평양 바다에 있는 플라스틱의 양

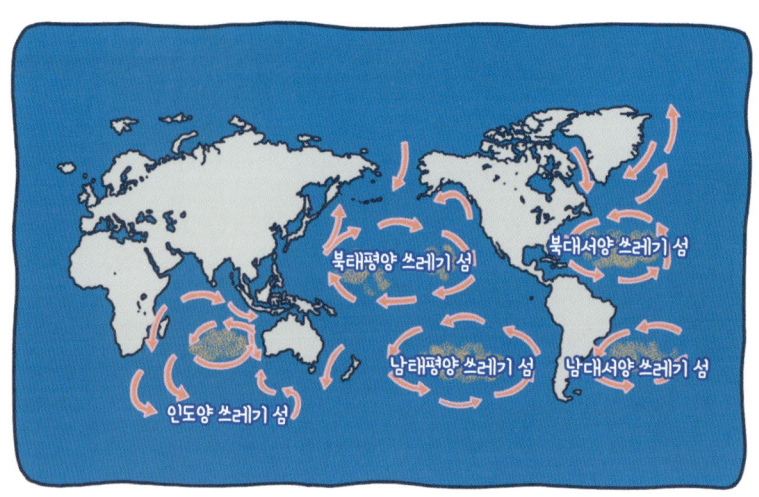

↑ 쓰레기 섬으로 얼룩진 해양 지도

이 물고기보다 많아질 거라고 경고하고 있어요.

거대한 쓰레기 섬은 비단 북태평양에만 존재하는 것이 아니에요. 북태평양뿐만 아니라 남태평양, 북대서양, 남대서양, 인도양까지, 지구의 주요 해양 순환 지대에서 모두 거대한 쓰레기 섬이 발견되었지요. 결국, 지구의 거의 모든 바다가 해양 쓰레기로 죽어 가고 있는 거예요.

플라스틱 쓰레기로 뒤덮인 바다

거대한 쓰레기 섬에는 온갖 쓰레기들이 모여 있었어요. 그중에서도 가장 큰 비중을 차지하는 것은 단연 플라스틱 쓰레기였어요. 전체 쓰레기의 무려 90퍼센트에 이를 만큼 많았지요.

그렇다면 왜 플라스틱이 유독 많은 걸까요? 그건 잘 썩지 않기 때문이에요. 플라스틱은 인공적으로 만들어졌기 때문에 미생물이 분해하기 어려운 복잡한 화학 구조를 가지고 있어요. 그래서 만드는 데는 5초밖에 안 걸리지만, 자연 분해되려면 엄청나게 오랜 시간이 필요해요. 스티로폼 컵은 약 50년, 빨대는 약 200년, 일회용 기저귀는 약 450년 이상이나 걸린다고 해요. 플라스틱은 땅속에 묻혀도 쉽게 썩지 않아서, 어딘가에 평생 남아 있을지 모른다는 말이 나올 정도지요.

그렇다면 이 많은 플라스틱 쓰레기들은 어디에서 온 걸까요? 한 비영리 환경 단체가 태평양 쓰레기 표면에 적힌 언어와 상표 등을 분석한 결과, 일본이 34퍼센트, 중국이 32퍼센트, 한국이 10퍼센트를 차지한 것으로 나타났어요. 즉, 태평양 쓰레기 대부분이 동아시아의 세 나라에서 버려진 거지요.

2011년 동일본 대지진으로 거대한 쓰나미가 발생하면서 엄청난 양의 쓰레기가 바다로 흘러 들어갔어요. 하지만 자연재해로 인한 것뿐만 아니라, 지금도 해마다 1천만 톤이 넘는 플라스틱이 바다에 버려지고 있어요.

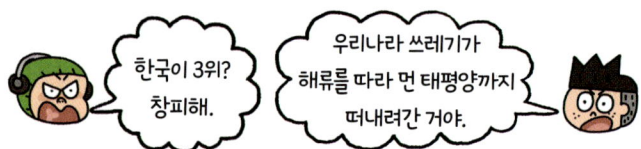

플라스틱 쓰레기 때문에 오염된 바다는 북태평양뿐만의 문제가 아니에요. 아름다운 휴양지인 몰디브 해안도 플라스틱 쓰레기로 뒤덮혀 있어요. 하와이섬의 카밀로해변은 세계에서 가장 오염이 심한 해변으로 손꼽혔어요. 태평양 쓰레기 섬에서 플라스틱들이 계속 떠밀려와 16년 동안 무려 약 300톤의 쓰레기를 수거했다고 해요.

심지어 지구에서 가장 깊은 심해인 마리아나 해구에서도 인간이 버린 쓰레기가 발견되었어요. 마리아나 해구는 에베레스트산 높이보다도 훨씬 깊은 곳으로, 가장 깊은 곳의 수심이 약 1만 미터나 돼요. 인류의 손길이 닿지 않은 신비한 자연 생태계가 보존된 곳으로 알려졌지요.

그런데 2019년, 이 심해에서 영화 '겨울왕국' 그림이 그려진 풍선 쓰레기가 발견되었어요. 가장 깊은 해저마저도 플라스틱 쓰레기에 오염된 거예요. 이 정도면 지구에서 플라스틱 오염으로부터 안전한 곳은 없다고 해도 과언이 아니지요.

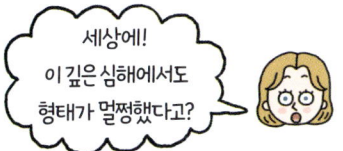

세상에! 이 깊은 심해에서도 형태가 멀쩡했다고?

해양 생물의 죽음

바다에 떠다니는 플라스틱은 보기만 흉한 것이 아니에요. 해양 생물에게 매우 치명적이에요. 2015년 8월, 코스타리카 해안에서 한 바다거북이 콧구멍에 플라스틱 빨대가 박힌 채 발견되었어요. 구조대가 거북이의 콧속에서 빨대를 제거하는 장면을 촬영한 영상은 전 세계적으로 큰 화제가 되었어요. 이 영상

멸종 위기의 바다거북 ↓

은 인간이 무심코 버린 플라스틱 쓰레기가 해양 생물에게 얼마나 큰 고통을 줄 수 있는지를 생생히 보여 주었지요.

그러나 이러한 충격적인 사례에도 불구하고, 여전히 수많은 해양 생물들이 플라스틱 쓰레기로 인해 목숨을 잃고 있어요. 바다거북은 비닐봉지를 해파리로 착각하고 삼키다 질식사하는 경우도 많아요. 바다를 헤엄치던 물개는 플라스틱 끈에 걸려 빠져나오지 못한 채 죽음을 맞이하기도 하지요.

심지어 플라스틱으로 인한 피해는 바다 포유류뿐만 아니라 바닷새들에게도 심각한 영향을 미치고 있어요. 매년 100만 마리 이상의 바닷새들이 플라스틱을 먹고 죽어가고 있지요. 어떤 새들은 플라스틱을 삼키다가 기도가 막혀 질식사하고, 또 어떤 새들은 위장이 플라스틱으로 가득 차 영양실조에 걸려 굶어 죽기도 해요.

특히 알바트로스의 피해는 심각해요. 알바트로스는 1~2년에 한 번 알을 낳고, 정성껏 새끼를 키우는 새예요. 새끼에게 줄 먹이를 찾기 위해 수백 킬로미터

↑ 비닐봉지를 가지고 노는 돌고래

를 비행할 정도로 강한 모성애를 가지고 있어요. 그런데 어미 알바트로스가 플라스틱 조각을 먹이로 착각해 새끼에게 물어다 주면서, 오히려 새끼를 죽음으로 내모는 경우가 많아요. 실제로, 위장이 플라스틱 쓰레기로 가득 찬 채 죽어 있는 알바트로스의 사체가 수없이 발견되고 있지요.

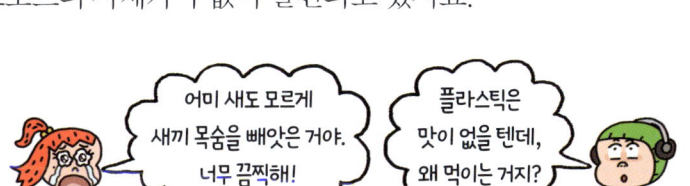

 그런데 바닷새들은 왜 플라스틱을 먹이로 착각하는 걸까요? 바다를 떠다니다가 파도와 모래에 부딪히며 잘게 쪼개진 플라스틱의 표면에는 각종 세균과 조류가 달라붙어요. 이런 과정을 거치며 플라스틱에서는 바닷새들이 좋아하는 먹이인 크릴새우와 비슷한 냄새가 나게 된다고 해요. 그래서 바닷새들이 플라스틱을 먹이로 착각하고 삼키는 일이 자주 발생하는 거예요.

이처럼 플라스틱은 단순한 쓰레기가 아니라, 해양 생태계를 은밀하게 교란시키는 존재예요. 연구에 따르면, 현재 해양 생물의 90퍼센트가 플라스틱 쓰레기로 고통받고 있다고 해요. 지금 바다에 흘러드는 플라스틱을 막지 못하고 계속 방치하면, 수십 년 후에는 모든 해양 생물이 플라스틱을 섭취하게 될지도 몰라요. 그뿐만이 아니에요. 멸종 위기에 처한 해양 생물들의 개체 수가 급격히 줄어들 거예요. 게다가 해양 생물들이 겪는 다른 위험도 더욱 많아지겠지요.

어디에나 있는 미세플라스틱

플라스틱 쓰레기가 위협적인 또 다른 이유는 '미세플라스틱' 때문이에요. 플라스틱은 완전히 자연 분해되기까지 수십 년에서 수백 년이 걸린다고 했지요? 그 과정에서 플라스틱은 오랜 시간 바다를 떠돌며 염분과 햇빛에 의해 약해지고, 파도와 바람에 의해 점점 더 잘게 부서져요. 이렇게 지름 5밀리미터(mm) 이하 크기로 쪼개진 작은 입자를 '미세플라스틱'이라고 불러요.

미세플라스틱 ↑

미세플라스틱 중에는 머리카락 굵기보다도 훨씬 작아서 우리 눈에 잘 보이지 않는 것도 많아요. 그래서 걸러내는 것도 쉽지 않죠. 게다가 잘게 부서지는 과정에서 바닷속의 오염 물질을 흡수해 더욱 독성이 강해지기도 해요. 한마디로 아주 작은 위험한 물질이 바다에 떠 있는 셈이지요.

미세플라스틱은 크기는 작아도 엄청 위험한 존재네.

미세플라스틱은 바다에 얼마나 많이 존재할까요? 이 궁금증을 풀기 위해 독일의 한 연구소가 전 세계 바다의 1만 2천여 지점을 정해 미세플라스틱을 조사했어요. 결과는 충격적이었어요. 면적 1제곱미터당 3천 개 이상의 플라스틱 조각과 20만 개의 미세플라스틱이 발견되었거든요.

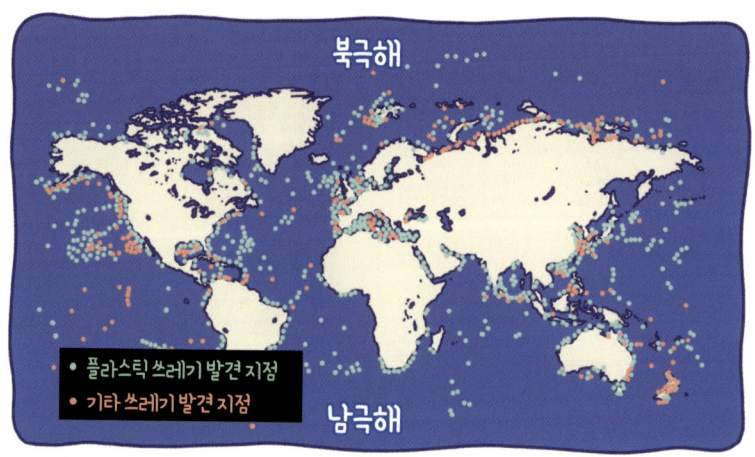

↑ 플라스틱 쓰레기 발견 지점

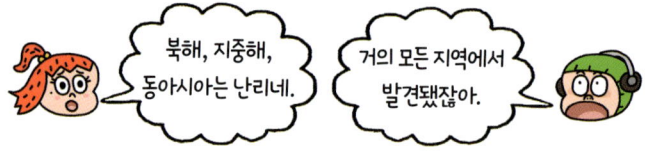

지구상의 마지막 청정 지역으로 알려진 북극과 남극의 바다 조차 미세플라스틱의 공격을 피하지 못했어요. 대륙 주변의 미세플라스틱이 해류를 타고 북극해와 남극해까지 대규모로 흘러 들어갔기 때문이에요. 그런데 미세플라스틱은 단지 바다만 오염시킨 게 아니었어요. 여기서 퀴즈!

Q 미세플라스틱은 알프스산맥 정상에서도 발견됐어요. 어떻게 산 정상까지 도달할 수 있었을까요?

미세플라스틱이 어떻게 높은 알프스 정상까지 올라갔을까? 희대의 미스터리네.

등산 후 산 정상에서 먹고 버린 컵라면에서 발견된 게 아닐까? 아, 배고프다!

알프스 정상에서 싼 똥을 통해 인간 몸속에 있던 미세플라스틱이 배출된 게 아닐까요?

 야외에서 똥을 싸다니……. 절대 안 돼. 알프스 정상은 높은 곳이니까 구름에서 미세플라스틱이 섞인 눈이 내린 게 아닐까요?

 정답! 바다에 버려진 미세플라스틱이 바닷물과 함께 증발해 구름을 형성했다가 눈이 되어 알프스 정상에 내린 거예요. 결국, 바다를 오염시킨 미세플라스틱이 물 순환을 통해서 전 지구에 널리 뿌려졌다는 뜻이지요.

↑ 미세플라스틱의 물 순환 과정

인간을 향한 미세플라스틱의 역습

미세플라스틱은 바다 생태계뿐만 아니라 인간의 생명까지 위협하고 있어요. 플랑크톤은 자신도 모르게 독성이 강한 미세플라스틱을 먹이로 착각해 삼켜 버리기도 해요. 이 플랑크톤을 물고기나 낙지, 문어 같은 해양 생물들이 잡아먹고, 그 해양 생물들은 어부에게 잡혀 우리 식탁 위로 올라오지요. 결국, 우리가 버린 플라스틱 쓰레기가 먹이사슬을 따라 다시 우리에게 되돌아오는 거예요.

실제로 우리가 먹는 해산물에서도 미세플라스틱이 발견되고 있어요. 호주의 한 과학자가 현미경으로 들여다본 참치 캔에서도 검은 실처럼 생긴 미세플라스틱이 군데군데 박혀 있었지요. 미세플라스틱을 섭취한 해양 생물들은 성장에 어려움을

미세플라스틱의 먹이사슬 ↑

겪거나, 각종 질병에 시달리게 돼요. 그리고 그런 해산물을 먹은 인간의 몸속에도 미세플라스틱이 고스란히 쌓이게 되고요. 이처럼 독성이 축적되는 현상을 '생물 농축'이라고 해요.

미세플라스틱 중에서도 아주 작은 조각은 그 크기가 나노미터(㎚) 수준이라 위장 세포를 통해 몸에 흡수될 수 있어요. 자연적으로 분해되지 않아 세포와 점막, 혈액을 타고 온몸을 돌아다니면서 장기를 손상시킬 수도 있어요. 하지만 미세플라스틱은 크기가 너무 작아서 우리 눈에 보이지 않고 하수 처리장에서도 제대로 걸러지지 않아요. 그래서 우리도 모르는 사이에, 매주 신용 카드 한 장 분량의 미세플라스틱을 섭취하고 있다는 연구 결과도 있지요.

더욱 무서운 점은 미세플라스틱이 우리 몸에 미치는 부작용과 위험성이 아직 완전히 밝혀지지 않았다는 사실이에요. 우리는 플라스틱과 함께 살아가는 첫 세대예요. 지금 우리가 겪고 있는 일이 얼마나 위험한지, 앞으로 얼마나 큰 영향을 미칠지는 정확히 알 수 없어요. 그런데도 우리는 여전히 플라스틱을 마구 사용하고 버리면서 그 위험성에서 벗어나지 못하고 있지요.

바다는 점점 더 심각하게 오염되고, 그로 인해 해양 생태계는 큰 피해를 입고 있어요. 천혜의 자연과 인도양을 품은 호주도 예외는 아니에요. 바다 오염으로 인해 호주에서도 엄청난 변화가 나타나고 있어요. 대체 무슨 일이 벌어졌을까요? 다음 여행지, 호주로 떠나 봐요!

HISTORY AIRLINE

2부
지구 온난화가 불러온 기후 재난

FROM UNITED KINGDOM　TO AUSTRALIA

Boarding Pass

❶ 기후 변화의 서막
❷ 호주를 뒤흔든 기후 재난

영국

국가명	호주
수도	캔버라
민족	앵글로 색슨(80%), 기타 유럽 및 아시아계(18%), 원주민(2%)
먹을거리	미트 파이
종교	기독교(67%), 무종교(26%), 기타(7%)
언어	영어

세계사

IWC 상업적 고래 사냥 금지
1986년

호주 그레이트배리어리프 최초 대규모 산호 백화 현상 발생
1998년

한국사

전 세계는 극심한 폭염과 가뭄, 대홍수, 대형 산불 등으로 몸살을 앓고 있어요. 환경 오염으로 지구 온난화가 심해지면서 이전과는 차원이 다른 극단적인 기후 재난이 나타난 거예요. 사람에 비유하면 말기 암 상태라는 말이 나올 정도로 지구는 벼랑 끝에 서 있는 상황이에요.
과연 기후 위기에 처한 지구를 구할 방법은 무엇일까요?
우리에게 인류 멸망의 신호를 보내는 기후 변화의 진실을 벌거벗겨 보아요.

호주

| 유럽 기록적 폭염 발생 2003년 | | 미국 딥워터 호라이즌호 원유 유출 사고 2010년 | | 호주 초대형 산불 발생 2019년 | 시베리아 이상 고온 현상 발생 2020년 |

2007년 태안 기름 유출 사고

2018년 기록적 폭염 발생

2020년 역대 최장 장마와 홍수 발생

1장 기후 변화의 서막

여러분, 우리는 지금 막 호주 퀸즐랜드주에 위치한 그레이트배리어리프에 도착했습니다. 그레이트배리어리프는 세계에서 가장 큰 산호초* 지대로, 그 길이가 2,300킬로미터에 달해요. 이곳에서는 다채롭고 신비로운 산호초와 그곳을 터전으로 살아가는 다양한 해양 생물을 만날 수 있어요. 그 모습이 얼마나 아름다운지 유네스코도 이곳을 세계 자연 유산으로 지정했어요. 또한 해양 스포츠를 즐기며 산호가 퇴적되면서 자연적으로 만들어진 핫스폿에 가 볼

> **산호초**
> 산호들이 모여 살면서 탄산칼슘이 쌓여 형성된 해양 생태계.

산호 색깔이 정말 다채롭고 신비로워.

눈앞에서 직접 보면 황홀할 것 같아.

수도 있고, 수중 아트 박물관에서 산호초의 중요성을 알리는 멋진 조각상을 감상할 수 있지요.

 그런데 이 아름다운 호주 산호초 지대가 최근 죽음의 바다로 변하고 있어요. 세계 최대의 산호초 지대를 위기에 빠뜨린 원인은 무엇일까요? 지금부터 그 비밀을 하나씩 벌거벗겨 볼게요.

산호의 죽음과 바다 산성화

 알록달록한 산호는 바닷속 아름다운 풍경을 만들며, 해양 생물과 서로 공생해요. 산호는 식물성 플랑크톤*에게 집을 내주고, 식물성 플랑크톤은 광합성으로 만든 영양분을 산호에게 나눠 주며 공생해요. 산호초의 다채로운 색깔은 사실, 이 식물성 플라크톤의 색깔 덕분이에요. 그런데 바다 환경이 변하고 바닷물 온도가 올라가면 식물성 플랑크톤은 스트레스를 받아 산호 밖으로 빠져나가요. 식물성 플랑크톤이 떠나면

> **식물성 플랑크톤**
> 바닷속에서 광합성을 하는 아주 작은 생물들의 모음.

산호는 영양분을 공급받지 못하고 서서히 하얗게 변해요. 이 상태를 '백화 현상'이라고 해요. 백화 현상이 지속되면 산호는 결국 골격만 앙상하게 남아 죽게 되지요.

↑ 백화 현상이 나타난 산호

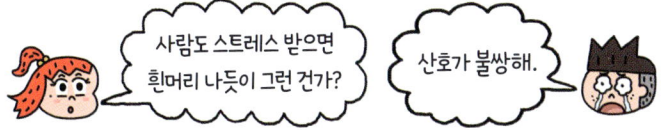

산호 백화 현상이 나타난 원인은 크게 두 가지예요. 첫 번째는 바다의 산성화예요. 산업 활동 과정에서 우리가 배출한 탄소가 대기 중 이산화탄소 농도를 높여 바다에 많이 녹았고, 우리가 버린 쓰레기도 추가적인 이산화탄소를 만들었어요. 미세 플라스틱이 바다에서 햇빛을 만나 분해되는 과정에서도 이산화탄소가 발생해요. 이산화탄소가 다시 바닷물에 녹으면 탄산으로 변하면서 산성이 이전보다 높아져요. 산성이 높아진 바닷물은 산호의 몸을 이루는 탄산칼슘을 서서히 녹이며, 결국 산호를 약하게 만들어요.

2022년, 그레이트배리어리프의 약 90퍼센트가 산호 백화 현상을 겪었어요. 세계에서 가장 크고 아름다운 산호 군락이 죽음의 문턱에 다다른 거예요. 안타깝게도 산호 백화 현상은 전 세계적으로 나타나고 있어요. 지금 추세라면, 30년 이내에 전 세계 산호 대부분이 사라질 거라는 충격적인 예측도 있어요.

산호 군락은 전체 해양 생물의 25퍼센트가 살아가는 보금자리예요. 바다의 아파트인 산호 군락이 사라지면 이곳에 사는 무수한 해양 생물들도 함께 사라지고 말 거예요. 산호초가 사라지면 바닷속 생태계가 무너지고, 어업에도 큰 영향을 미쳐 인간의 삶에도 위기가 찾아오겠지요. 여기서 퀴즈!

태국에서 산호를 보호하기 위해 해양 국립 공원을 찾는 사람들에게 금지한 행동은 무엇일까요?

바닷속에서 소변보는 걸 금지한다?

 어머! 소변은 화장실에서 해결해야지.

 산호를 못 보게 스노쿨링, 스킨 스쿠버 같은 해양 스포츠를 금지했나?

땡! 힌트를 줄게요. 자외선 차단을 위해 흔히 하는 행동이랍니다.

 뜨거운 태양을 피하고 싶어서 ♬
아! 혹시 선크림을 바르면 안 되나요?

정답! 태국의 해양 국립 공원에서는 바다에 들어가기 전에 선크림을 바르는 걸 금지했어요. 보통 해변에 가면 강한 햇빛을 막기 위해 선크림을 바르잖아요? 그런데 일부 선크림에는 산호에 해를 끼치는 화학 물질이 들어 있어요. 그래서 산호초를 보호하기 위해 선크림 사용을 제한한 거예요.

해양 열파! 끓고 있는 바다

산호 백화 현상이 나타난 두 번째 원인은 바다 수온의 상승이에요. 1900년대 산업 혁명 이후 석탄과 석유 같은 화석 연료를 무분별하게 사용하면서, 불과 100년 만에 지구 온도는 무려 1.1도나 상승했어요. 이렇게 짧은 시간에 지구 온도가 급격히 올라간 건 인류 역사상 처음 있는 일이었지요.

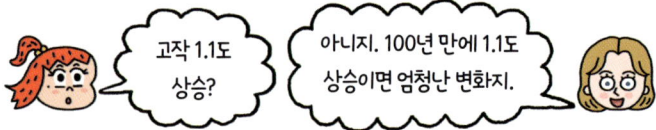

지구 평균 기온이 오르려면 엄청난 열에너지가 필요해요. 매일 수십 도의 온도 변화를 겪지만 지구 평균 기온은 거의 일정한 상태로 수백 년, 수천 년 동안 유지해 왔어요. 최근 지구 온도가 1.1도나 올랐다는 건 수십 년 동안 1초마다 원자 폭탄 네 개가 동시에 터지는 만큼의 어마어마한 열이 지구에 쌓였다는 뜻이에요. 이 뜨거운 열에너지는 대부분 바다에 축적되지요.

지구 온도가 점점 상승하면서 기후가 더워지는 현상을 '지구 온난화'라고 해요. 지구 온난화의 가장 큰 원인은 온실가스˙ 배출이에요. 공장, 자동차, 비행기에서 나오는 배기가

> **온실가스**
> 이산화탄소, 메탄, 이산화질소 등 지구 대기를 오염시켜 온실효과를 일으키는 가스.

공장에서 발생하는 매연 ↑

스는 물론이고, 숲을 태우거나 농사를 지을 때도 온실가스가 발생해요.

산업 혁명 이후 인간이 배출한 온실가스가 대기 중에 쌓이면서, 지구로 들어온 열이 빠져나가지 못하고 갇혀 버렸어요. 그 결과, 지구 온도가 빠르게 높아졌고, 지금은 1초마다 원자 폭탄 다섯 개씩 터지는 만큼의 많은 열이 지구에 쌓이고 있어요.

지구 온난화로 바다가 더 이상 지구의 열을 다 흡수하지 못하면서, 해수면 온도가 급격히 상승하는 현상이 나타났어요.

이를 '해양 열파'라고 해요. 해양 열파는 바다에서 일어나는 폭염으로, 수천 킬로미터에 걸쳐 해수면의 온도가 비정상적으로 높아지는 현상이에요. 짧게는 며칠, 길게는 몇 달 동안 지속되지요. 특히 2015년에는 역대 최악의 해양 열파가 나타났어요. 북태평양에서 시작된 고온 현상이 퍼지면서, 미국 서부 해안에서는 이상 고온 현상이 발생했어요. 바다의 수온이 최대 6도 이상 치솟은 거예요.

해양 열파의 영향으로 따뜻한 바닷물은 밀도가 낮아져 위로 올라가고, 차가운 바닷물은 아래로 가라앉아요. 이렇게 되면 바닷물이 섞이지 않으면서 바다 아래층은 산소가 부족해지고, 바다 표면에는 영양분이 줄어들게 되지요. 산소와 영양분이 줄어들면서 먹이 환경이 바뀌자 해양 생태계는 큰 타격을 입었어요. 산호뿐만 아니라 태평양 연안을 따라 수백 마

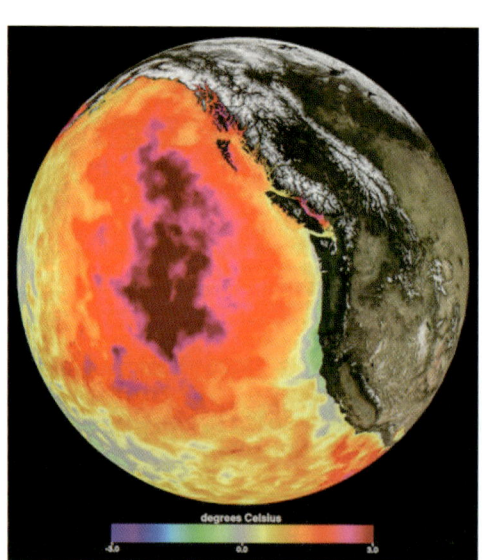
↑ 나사에서 공개한 2015년 5월 평균 해수면 온도 편차

리의 바닷새와 바다사자도 먹이를 구하지 못해 떼죽음을 당했지요.

2021년 7월, 캐나다 밴쿠버 해안가에서는 해양 열파가 발생해 물 온도가 46도까지 상승했어요. 높은 수온으로 홍합 10억 마리가 폐사했고, 연어들이 화상을 입거나 병균 감염에 시달리다 죽었어요. 가장 큰 문제는 해양 열파가 최근 10년 동안 전 세계에서 170번이나 발생했다는 거예요. 과거에는 드물게 발생하던 현상이, 이제는 점점 더 자주, 그리고 더 강력하게 나타나고 있어요.

얼마나 뜨거웠으면 화상까지 입었을까?

우리나라 바다의 수온도 문제예요. 수온 상승 속도가 전 세계 평균보다 더 빠르게 나타나고 있거든요. 1968년부터 50여 년간, 우리 바다의 평균 수온은 약 1.35도 상승했어요. 제주도의 경우는 더욱 심각했어요. 겨울 바다의 수온이 지난 36년 동안 무려 3.6도가 올랐다고 해요.

온대 바다에 살던 해양 생물과 해조류가 자취를 감추고, 대신 그 자리에 아열대 해양 생물들이 나타났어요. 이처럼 바다 환경과 생태계가 급격히 변하는 걸 막기 위해선 바다의 열을 낮추는 것이 무엇보다 중요해요.

열을 낮출 방법을 찾아야겠어!

바닷속 환경 지킴이, 고래

뜨거워진 바다의 수온을 낮추는 데 꼭 필요한 동물이 있어요. 바로 고래예요. 고래는 지방과 단백질이 풍부한 몸을 가지고 있어서, 숨을 쉴 때마다 이산화탄소를 몸속에 저장할 수 있어요. 일반적으로 고래 한 마리가 평생 동안 흡수해 몸에 저장하는 이산화탄소는 무려 33톤에 달해요. 이는 나무 한 그루가 흡수하는 양보다 훨씬 많은 수준이지요. 특히 몸집이 큰 대형 고래일수록 더 많은 이산화탄소를 저장할 수 있답니다.

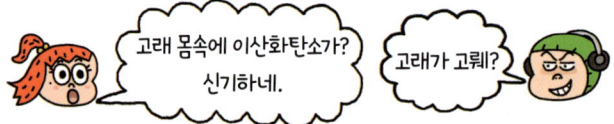

고래는 죽은 뒤에도 도움을 줘요. 고래가 죽으면 그 거대한 몸은 바닷속 깊은 곳으로 가라앉아요. 이 과정에서 고래의 몸속에 저장된 탄소도 함께 해저로 내려가요. 해저에 가라앉은 고래의 사체는 수백 년 동안 천천히 분해되면서 탄소를 바다에 가두는 역할을 해요. 존재만으로도 지구 환경을 지켜 주는 고마운 동물이지요.

고래가 우리에게 도움이 되는 건 이뿐만이 아니에요. 여기서 퀴즈!

> **Q** 고래가 물속에서 지구 온난화를 막는 방법은 무엇일까요?

고래가 거대한 지느러미로 바다에서 엄청난 부채질을 하나?

아니면 고래가 오줌을 왕창 싸서 물 온도를 낮추나?

지난번 퀴즈에서도 오줌 타령이더니, 또?

오! 정답에 가까워요.

그럼…… 대변을 왕창 싼다?

정답! 고래가 물속에서 지구 온난화를 막는 방법은 바로 배설물을 배출하는 거예요. 고래의 배설물에는 철, 질소 같은 영양분이 풍부해요. 식물성 플랑크톤은 이렇게 만들어진 영양분을 먹고 자라면서 바다의 이산화탄소를 흡수한답니다. 고래가 건강하게 살아 있는 것만으로도 지구에 큰 도움이 되는 셈이지요.

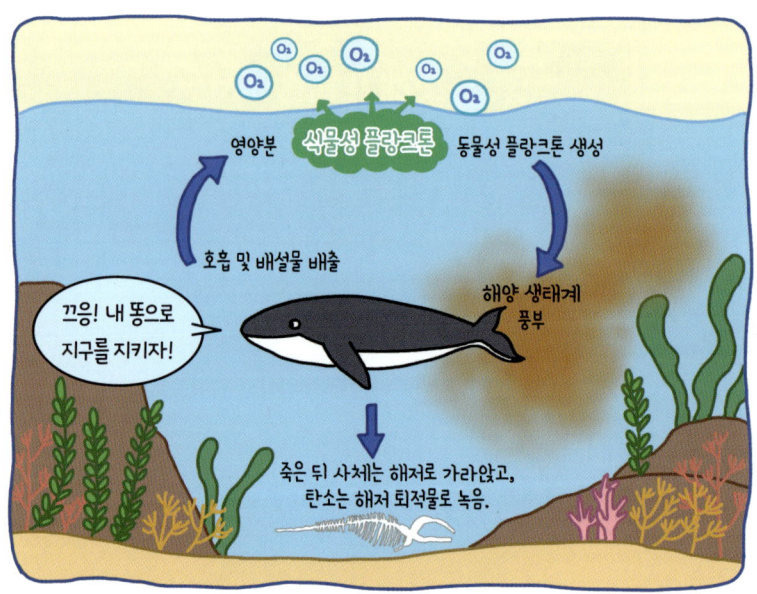

↑ 고래 배설물의 이동과 역할

고래는 지구 환경을 지켜주는 소중한 존재이지만, 안타깝게도 매년 개체 수가 빠르게 줄고 있어요. 약 100년 전, 전 세계 고래 개체 수는 400~500만 마리에 달했어요. 이 정도면 1년에 약 2억 2천만 톤의 탄소를 흡수해 해저로 운반할 수 있는 양이지요. 그런데 2019년 기준, 고래 개체수는 약 130만 마리로 줄었어요. 100년 만에 3분의 1 수준으로 감소한 거예요.

고래 개체 수가 줄어드는 가장 큰 원인은 인간들의 사냥 때문이에요. 18세기부터 20세기 초반까지 향유고래에서 추출한 고래기름이 램프의 연료로 사용되면서 무분별하게 고래를 잡

앗어요. 이로 인해 고래 개체 수가 급격히 줄어들었고, 일부 종은 멸종 위기에 놓였지요.

1986년, 국제포경위원회(IWC)는 고래 보호를 위해 상업적 고래 사냥을 금지했어요. 그러나 일본과 유럽 일부 나라에서는 고래가 보호 어종이 아니라는 이유로 상업적 사냥을 계속하고 있으며, 연구 목적이라는 명목으로도 매년 수백 마리의 고래를 사냥하고 있어요.

일본에서 고래를 포획하는 모습 ↑

뿐만 아니라, 기후 변화로 바다의 수온이 상승하면서 고래의 주요 먹이인 크릴새우와 플랑크톤이 줄어들고 있어요. 먹이를 찾아 육지 근처까지 접근한 고래들은 각종 어업 쓰레기에 걸리거나 플라스틱 쓰레기를 먹으면서 더 큰 피해를 입고 있어요. 지난 2022년 11월, 캐나다 해안가에서 죽은 채 발견된 향유고래의 배 속에서는 150킬로그램에 달하는 플라스틱이 나왔어요. 어망, 밧줄, 장갑 등 대부분 어업 쓰레기였지요. 게다가

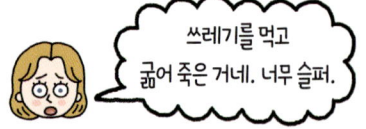
쓰레기를 먹고 굶어 죽은 거네. 너무 슬퍼.

2015년 조사에서도 해양 쓰레기로 인한 고래 피해가 다섯 배 이상 증가했다고 밝혀졌어요.

이뿐만이 아니에요. 해수면 온도가 상승하면서, 바닷속 산소의 양도 점점 줄어들고 있어요. 냉장고에서 꺼낸 시원한 사이다를 밖에 놔두면 온도가 금방 미지근해지고 김이 빠지잖아요. 같은 원리로 바닷물이 따뜻해지면 물에 녹아 있는 산소도 점점 빠져나가게 되지요. 이렇게 산소가 부족한 바다를 '데드 존(Dead Zone)'이라고 불러요.

데드 존에서는 산소가 부족해 물고기나 해양 생물이 살기 어려워요. 2022년 조사 결과, 데드 존은 전 세계에서 700여 곳이

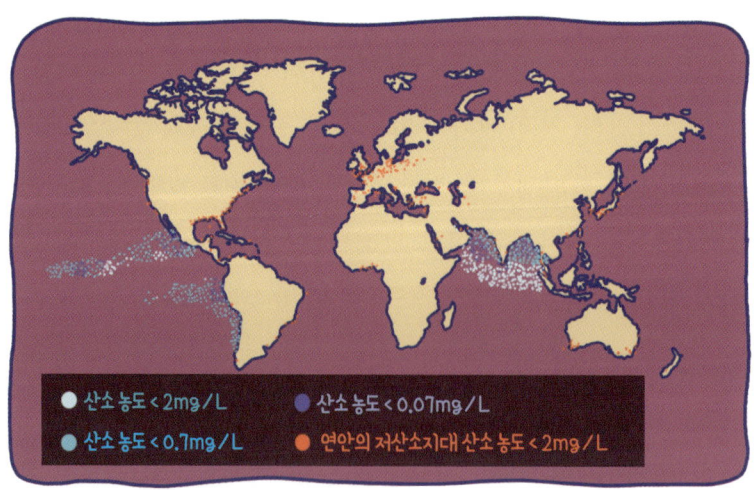
↑ 전 세계 해양의 저산소 지대 데드 존

발견되었고, 아직 조사하지 못한 곳까지 포함하면 1천여 곳에 이를 것으로 추정돼요. 문제는 데드 존이 과거에 비해 점점 더 많아지고 심각해지고 있다는 점이에요. 지구 온난화가 해양 생태계까지 위협하고 있는 거예요.

현대 문명이 불러온 실수, 원유 유출

2010년 4월 20일, 미국 멕시코만에서 석유를 시추˙하던 딥워터 호라이즌호에서 끔찍한 환경 사고가 일어났어요. 심해에서 분출된 메탄가스가 폭발하면서 시추선에 불길이 휩싸인 거예요. 불길은 아파트 24층 높이까지 치솟았고, 화재를 진압하는 데 실패하면서 시추선은 결국 침몰했어요. 이 사고로 열한 명의 승무원이 사망했고, 수십 명이 부상을 입었어요. 인명 피해도 컸지만 환경 피해도 무척 심각했어요.

시추
지하자원을 탐사하거나 지층의 구조와 상태를 조사하기 위해 땅속 깊이 구멍을 파는 일.

사고는 쉽게 수습되지 않았어요. 수심 1,500미터 해저에 있던 시추 파이프에 균열이 생기면서, 무려 5개월 동안 약 8억 리터의 원유가 바다로 유출되었어요.

유출된 기름은 검고 끈적한 막을 형성하며 650제곱킬로미

↑ 딥워터 호라이즌호 폭발 사고

터에 달하는 바다 표면을 뒤덮었어요. 햇빛이 차단되면서 바닷속 산소량은 급격히 줄어들었고, 기름 속 독성 물질까지 퍼지면서 미국 남부의 해양 생태계가 초토화되었어요.

이번에도 물속에 사는 생물뿐 아니라 해양 포유류, 바닷새 등의 야생 동물까지 피해를 입었어요. 멸종 위기에 처한 바다거북 600여 마리가 온몸에 시커먼 기름을 덮어쓴 채 몸부림치다 숨을 거뒀어요. 세계적인 펠리컨 집단 서식지로 유명한 미

기름에 뒤덮인 펠리컨 ↑

기름이 묻은 바다거북 ↑

국 루이지애나 해안에서는 1천여 마리의 펠리컨이 한꺼번에 폐사했지요. 사고 발생 후 4,900마리 이상의 바닷새, 1,100마리 이상의 해양 포유류가 기름 유출로 인해 목숨을 잃었어요. 연안 생태계에까지 오염이 확산되면서 수십 년 동안 회복이 어려운 피해를 남겼어요.

이 사건은 단순한 기술적 사고를 넘어, 인간의 탐욕이 불러온 참혹한 재앙으로 기록되었어요. 역사상 최악의 해양 오염 사고 중 하나로 평가되며, 환경 보호의 중요성과 원유 개발의 위험성을 다시 한번 알리는 계기가 되었어요.

그런데 우리나라에도 이와 비슷한 사고가 일어난 적이 있어요.

우리나라에서 발생한 사상 초유의 기름 유출 사고에 대해 알려 줄게요.

태안 기름 유출 사고

2007년 12월, 서해안 태안 앞바다에서 유조선과 크레인이 충돌하는 사고가 일어났어요. 유조선에 구멍이 뚫리면서 12,547킬로리터의 기름이 바다로 쏟아졌어요.

인근 양식장, 어장, 갯벌이 심각하게 오염되면서 서해안 생태계와 지역 경제는 큰 타격을 입었어요.

동물이고, 어민이고 모두 죽겠어.

하지만 전국 123만 명의 자원봉사자들이 기름으로 뒤덮인 바위를 닦고 오염된 모래를 걷어냈어요.

모두 힘냅시다!

그 덕에, 태안 앞바다는 불과 7개월 만에 다시 깨끗한 모습을 되찾을 수 있었어요.

태안의 기적이야!

약 22만 건의 태안 복구 기록물은 2011년 유네스코 세계 기록 유산에 등재됐지요.

2007년, 서해안 태안 앞바다에서 유조선과 크레인이 충돌하면서 국내 사상 초유의 기름 유출 사고가 일어났어요. 이 사고로 양식장과 어장, 갯벌이 오염되어 서해안 전역의 생태계와 경제가 마비되었지요.

태안 기름 유출 사고는 단순한 환경 오염 사건이 아니었어요. 이는 인간의 작은 실수가 얼마나 큰 재앙을 초래할 수 있는지를 경고하는 교훈이 되었어요. 하지만 수많은 사람들의 노력과 협력 덕분에 태안 앞바다는 다시 생명을 되찾을 수 있었어요.

이 사고는 환경 재난을 극복하는 데 있어 공동체의 힘이 얼마나 중요한지를 보여 준 상징적인 사례로 남았어요. 그러나 태안을 뒤덮었던 검은 기름처럼, 인간이 만들어 낸 환경 위기는 여전히 전 세계 곳곳에서 벌어지고 있어요.

쓰레기, 플라스틱, 석유 소비 등 인간의 모든 산업 활동은 지구 환경을 파괴하고 있으며, 그 피해는 점점 더 심각해지고 있어요. 해양 오염뿐만 아니라 대기 오염과 산불, 이상 기후 같은 극단적인 환경 변화로 이어지고 있지요.

특히, 2019년 호주 동남부에서는 역사상 최악의 기후 재난이 닥치며 전 세계에 엄청난 충격을 안겨 주었어요. 그곳에서는 어떤 일이 벌어졌을까요? 다음 여행지로 떠나 보아요!

# 호주를 뒤흔든 기후 재난

우리는 호주 남동부에 왔어요.

여러분, 시드니 오페라 하우스 보이시나요?

요트의 돛에서 영감을 받아 만든 세계적인 건축물이지!

이번에 도착한 여행지는 호주 동남부의 뉴사우스웨일스주예요. 이곳은 호주에서 가장 인구가 많은 지역이자, 영국 이민자들이 처음으로 정착해 도시를 세운 곳이지요.

뉴사우스웨일스주에는 세계 3대 아름다운 항구 중 하나로 꼽히는 시드니가 있어요. 시드니는 오페라 하우스와 하버 브리지로 유명한 대도시이며, 호주의 대표 해수욕장인 본다이 비치도 이곳에 위치해 있어요. 또 귀엽고 독특한 호주의 야생 동물을 만날 수 있는 시드니 타롱가 동물원도 있어서, 도시와 자연의 매력을 함께 즐길 수 있는 곳이에요.

그러나 도시와 대자연을 모두 간직한 뉴사우스웨일스주는 2019년에 초대형 산불이 발생하면서 큰 위기를 맞았어요. 이 산불은 기록적인 폭염과 가뭄 속에서 빠르게 확산되었고, 엄

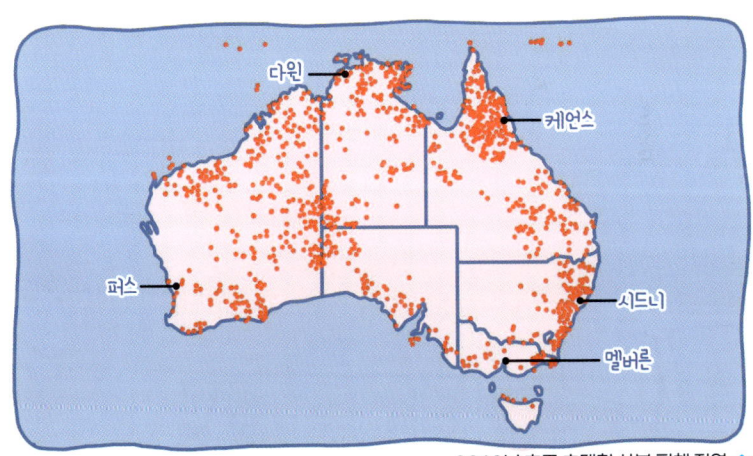

2019년 호주 초대형 산불 피해 지역 ↑

청난 연기 기둥이 하늘을 뒤덮었어요. 그 규모가 너무 커서 우주에서 관측될 정도였지요.

   그렇다면 호주를 공포와 혼란에 빠트린 이 초대형 산불은 왜 일어났고, 그 피해는 얼마나 심각했는지 지금부터 살펴봅시다.

불바다가 된 호주

불길의 시작은 2019년 9월 2일, 호주 뉴사우스웨일스주와 퀸즐랜드주에서 시작되었어요. 건조한 산림 지역에 마른 번개가 내리치면서 불씨가 생겨났고, 작은 불씨는 강한 바람을 타고 순식간에 번졌어요. 하지만 이때만 해도 산불이 얼마나 커질지 아무도 예상하지 못했어요.

호주의 9월은 여름처럼 덥고 건조해서 매년 크고

↑ 2019년 호주 캥거루 아일랜드 산불

작은 산불이 자주 발생하곤 했어요. 그런데 2019년에 일어난 산불은 규모와 강도 면에서 역대 최악의 수준이었어요. 몇 달 전부터 계속된 이상 고온과 극심한 가뭄, 그리고 강한 바람까지 더해져 산불은 통제 불가능한 속도로 확산되었거든요. 결국, 단 한 달만에 호주 동부 해안을 따라 수많은 산림을 잿더미로 만들어 버리고 말았지요.

  특히, 시드니와 캔버라 같은 호주 동남부 대도시까지 산불이 번지지 않도록 막는 것이 가장 시급한 과제였어요. 이 지역에는 호주 전체 인구의 3분의 2가 살고 있었기 때문이에요. 만약 불길이 도심까지 확산된다면, 끔찍한 인명 피해를 피할 수 없었어요. 이를 막기 위해 뉴사우스웨일스 정부는 소방대원 25만 명, 소방차 700대, 항공기 100대를 투입해 화재 진압에 나섰어요. 또한 미국, 뉴질랜드, 싱가포르, 캐나다 등 여러 나라에서도 1천 명이 넘는 소방대원과 장비를 지원하며 작업에 힘을 보탰어요. 하지만 산불은 예상보다 훨씬 빠르고 강하게 번져 갔고, 진화 작업도 점점 어려워졌어요. 불길은 좀처럼 잡히지 않았지요.

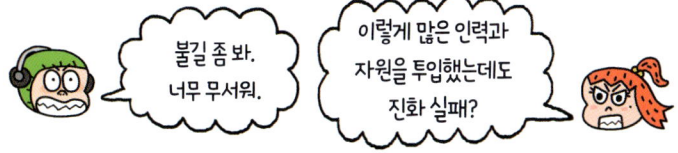

화염 토네이도의 발생

그런데 엎친 데 덮친 격으로, 산불 현장에서는 뜨거운 공기와 먼지, 불씨가 한꺼번에 소용돌이치면서 '화염 토네이도(Fire Tornado)'까지 발생했어요. 화염 토네이도는 '악마의 불(fire devil)'이라고도 불리며, 강한 산불에서 종종 나타나는 무시무시한 자연 현상이에요.

화염 토네이도는 뜨거워진 공기가 하늘로 빠르게 올라가면서 만들어지요. 산불로 인해 뜨거워진 공기는 가볍기 때문에

↑ 화염 토네이도

위로 상승하는데, 이 과정에서 주변의 차가운 공기가 밀려들어오면서 강한 회오리가 형성되지요. 그리고 불꽃과 재가 이 회오리에 빨려 들어가면서 거대한 불의 소용돌이가 탄생하는 거예요.

화염 토네이도는 최대 200킬로미터로 회전하며, 중심부의 온도는 무려 1,000도에 달할 정도로 뜨거워요. 높이는 보통 10~50미터지만, 때로는 수백 미터까지 치솟기도 하지요. 강한 바람을 동반했던 이 화염 토네이도는 산불 피해를 더욱 키우고, 화재 진압을 훨씬 어렵게 만들었어요.

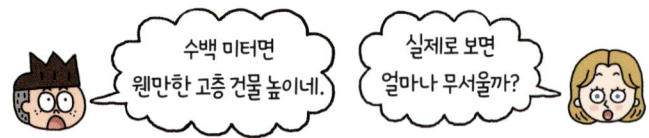

이 와중에 예상치도 못한 현상이 발생했어요. 여기서 퀴즈!

> **Q** 산불 피해가 극심하던 지역에서 산불 규모를 더욱 커지게 한 이 현상은 무엇일까요?

동물들이 불이 붙은 채로 도망가다 산불을 옮겼나?

화염 토네이도와 연관된 현상일 거야.
혹시 하늘에서 번개가 내리쳐서 산불이 발생했어요?

아, 마른하늘의 날벼락처럼?
우르르 쾅쾅! 소리만큼이나 무서운 일이네.

정답! 화염 토네이도와 함께 산불 피해를 확산시킨 원인은 바로 번개였어요. 산불이 크게 일어나면 공기가 하늘로 치솟으면서 구름이 만들어지는데, 이렇게 만들어진 구름은 뜨거워서 수증기가 말라 버려요. 비는 내리지 않고 마른하늘에 번개만 내리치죠. 그런데 바람이 구름을 옮기면서 번개를 내리친 바람에 산불이 나지 않았던 먼 곳까지 산불이 확산되었죠.

사실, 화염 토네이도는 자연재해 중에서도 매우 드문 현상이에요. 일반적인 산불에서는 불길이 넓게 퍼지면서 번지지만, 특정한 기후 조건이 맞아떨어지면 토네이도처럼 강한 회오리가 만들어질 수 있어요. 한 연구에 따르면, 2019년에 발생한 화염 토네이도는 1993년 이후 호주에서 발생한 가장 강력한 회오리바람 중 하나로 기록되었다고 해요.

산불이 몰고 온 기상 이변

새롭게 발생한 산불은 구름과 번개, 화염 토네이도를 또다시 불러오면서 악순환을 일으켰어요. 산불이 시작된 지 3개월쯤 지난 2019년 12월 말, 호주 전 대륙이 불길에 휩싸이는 초유의 사태가 벌어졌어요. 호주 역사상 처음으로 모든 주가 산불 영향권에 들어가며, 사실상 국가적 재난 상황이 된 거예요.

산불 피해가 가장 심각했던 뉴사우스웨일스주의 교통 장관은 이렇게 말했어요.

"이건 산불이 아니라 원자 폭탄이다."

호주 정부는 산불이 번지는 지역마다 긴급 피난 경보를 내렸어요. 그러나 불길이 옮겨붙는 속도가 너무 빨라서 대피할 시간조차 없는 경우도 많았어요.

말라쿠타 화재로 불에 탄 자전거 ↑

  2019년 12월 31일에는 산불이 동남부 지역을 따라 무려 500 킬로미터 이상 번지면서, 빅토리아주의 해변 마을 말라쿠타까지 불길이 닿았어요. 이 당시 말라쿠타에는 주민과 새해 일출을 보러 온 관광객까지 4천여 명이나 머물고 있었어요.

  거대한 불길이 장벽처럼 뻗어나가 마을을 집어삼키며 자동차와 집이 폭발하는 아비규환이 펼쳐졌어요. 사람들은 도망칠 곳이 없어져 해변으로 몰려갈 수밖에 없었어요. 결국 앞은 산불, 뒤는 바다에 가로막힌 채로 새해를 맞이해야 했지요.

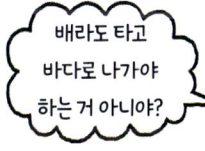

  다음 날에도 상황은 여전히 지옥 같았어요. 새빨간 화염과 희뿌연 연기가 뒤섞인 하늘은 핏빛으로 물들었고, 불길이 이

↑ 산불 연기로 가득한 말라쿠타

글거리는 소리가 가까이에서 들렸어요. 공기마저 유독 가스로 가득해 숨쉬기가 힘들어 방독면을 써야 할 정도였지요. 사람들은 언제 죽을지 모른다는 공포 속에서 4일을 버텼어요. 그리고 마침내 호주 해군이 해변으로 접근해 사람들을 구조하며 최악의 인명 피해를 막을 수 있었어요.

꺼지지 않는 산불, 새로운 재난

해가 바뀌어 2020년이 되었지만, 산불은 좀처럼 꺼지지 않았어요. 결국 호주 정부는 국가 비상사태를 선포하고 전력을 다해 산불 진화에 나섰어요. 하지만 1월이 되면서 호주는 또 다른 대혼란에 빠지고 말았어요.

거대한 산불이 계속 타오르는 가운데, 예상치 못한 기상 현상이 발생한 거예요. 얼음덩어리인 우박이 쏟아진 거지요.

2020년 1월 중순, 수도 캔버라를 비롯한 호주 동남부 지역에

↑ 캔버라 거리에 내린 우박

↑ 우박으로 파손된 자동차

서는 골프공 크기의 우박이 폭풍처럼 몰아치면서 건물과 자동차가 파손되고, 심지어 정전까지 발생했어요. 구조 작업에도 차질이 빚어졌지요.

사람이 맞았다면 아찔할 상황이었네.

공포 영화가 따로 없었지.

그렇다면 산불과 화염 토네이도로 뜨거운 호주에 왜 갑자기 우박이 떨어진 걸까요?

산불이 일어나면 뜨거운 공기가 하늘로 상승하며 강한 상승 기류를 만들어요. 이때 재와 먼지, 수증기도 함께 상승기류를 타고 올라가게 되는데, 그 뜨거운 공기 덩어리가 차가운 구름층에 도달하면 그 안의 수분이 급격하게 얼어붙어 우박이 만들어져요.

　보통 우박은 크기가 작아서 아래로 떨어지면서 녹아 비로 변해요. 그러나 이 당시에는 상황이 달랐어요. 대규모 산불로 인해 상승 기류가 워낙 강했기 때문에, 우박이 만들어진 뒤에도 하늘에서 쉽게 떨어지지 않고 계속 공중을 맴돌면서 크기가 커졌어요. 결국 점점 커지다 무게를 이기지 못한 얼음덩어리가 녹을 새도 없이 땅으로 떨어진 거지요. 산불은 단순한 화재 피해를 넘어, 대기 환경까지 뒤흔든 연쇄적인 기상 이변을 일으킨 거예요.

호주 산불로 인한 자연 피해

　초대형 산불로 위기에 처한 건 인간뿐만이 아니었어요. 숲에 살던 야생 동물이 가장 큰 피해를 입었지요. 호주를 대표하는 동물인 코알라는 멸종 위기에 처할 정도로 심각한 타격을 받았어요.

　2018년 당시 호주 코알라의 개체 수는 약 8만 마리였어요. 그러나 산불로 인해 무려 6만 마리가 죽거나 다쳤어요. 코알라의 주요 서식지인 유칼립투스 숲의 80퍼센트가 불타면서, 살아남은 코알라들의 미래마저도 위태로워졌어요. 그렇지 않아도 개체 수가 점점 줄고 있던 코알라가 영영 사라질 위기에 처하자, 호주 정부는 2021년 코알라를 공식적으로 '멸종 위기종'으로 지정해 보호하고 있어요.

호주의 또 다른 상징 동물, 캥거루 역시 산불 피해를 크게 입었어요. 특히 불길을 피해 달아나던 아기 캥거루가 철조망을

넘지 못하고 까맣게 타죽은 모습은 전 세계 사람들의 가슴을 아프게 했어요. 국제 환경 단체인 세계자연보호기금(WWF)에 따르면, 2019~2020년 호주 산불로 인해 약 30억 마리의 야생 동물이 죽거나 서식지를 잃었다고 해요. 여기에 조류, 파충류, 어류, 곤충까지 포함하면 피해 규모는 천문학적인 수준이에요.

거대한 화재로 호주의 자연 환경도 심하게 훼손됐어요. 초록으로 뒤덮였던 숲이 잿더미가 되었고, 수십 년 동안 유지되던 생태계 균형이 완전히 무너졌어요. 기후 변화의 원인과는 아무 관련 없는 동물과 자연이, 인간이 만든 환경 문제로 가장 큰 피해를 본 것이지요.

6개월 만에야 진화된 산불

반년 가까이 호주 전역을 괴롭히던 초대형 산불은 2020년 2월, 갑자기 사그라들었어요. 그 이유는 다름 아닌 기록적인 폭우 때문이었어요.

  2020년 2월 9일, 호주 동남부 해안에서는 24시간 동안 무려 350밀리미터의 비가 쏟아졌어요. 이 엄청난 물폭탄은 강력한 산불을 빠르게 잠재우며, 한반도보다 넓은 면적의 불길을 진압하는 데 큰 역할을 했어요. 호주 정부는 2월 13일, 마침내 초대형 산불이 꺼졌다고 공식 선언했어요. 화재가 시작된 지 무려 6개월 만의 일이었지요.

  하지만 이 갑작스러운 폭우가 마냥 고마운 것만은 아니었어요. 또 다른 문제를 일으켰기 때문이지요. 불에 탄 산림이 약해진 상태에서 폭우가 쏟아지면서, 곳곳에서 산사태가 발생했어요. 잿더미가 빗물에 쓸려 강과 바다로 흘러들면서 수질 오염이 심각해지기도 했지요. 또 비를 피하지 못한 야생 동물들은 저체온증으로 또 한 번 위험에 처했어요.

  2019년 발생한 호주의 산불은 끔찍한 결과를 낳았어요. 산불로 인해 서른세 명이 사망했고, 불에 탄 면적은 약 12만 제곱킬로미터에 달했어요. 이는 대한민국 면적보다 넓은 땅이 폐허가 된 것과 같아요. 호주 전체 숲의 14퍼센트가 불에 타 수십 개의 국립 공원과 약 2만 개의 농장이 피해를 입었어요. 산불 피해 규모는 무려 80조 원에 달해, 호주 역사상 최악의 기후 재난으로 기록되었어요.

그러나 피해 복구는 쉽지 않았어요. 불타 버린 숲은 쉽게 회복되지 않았고, 생존한 동물들도 먹이가 부족해 굶주림에 시달렸어요. 이 때문에 환경 단체들은 야생 동물을 위한 먹이 공급 활동을 시작했고, 호주 정부 역시 복구 기금을 마련해 국립 공원 재생에 돌입했어요.

호주뿐만 아니라 캐나다, 미국 로스엔젤레스, 러시아 시베리아, 유럽 남부 등 세계 곳곳에서 거의 매년 대형 산불이 발생하고 있어요. 이제 산불은 특정 지역의 문제가 아니라, 전 세계적인 기후 위기의 경고가 되고 있는 것이지요. 우리는 과연 이 경고를 무시해도 될까요?

인도양의 수온 상승이 불러온 나비 효과

2019년 호주를 뒤흔든 초대형 산불은 기후 위기가 불러온 재앙이었어요. 보통 바다는 워낙 크고 깊어 수온이 쉽게 변하지 않아요. 그런데 2019년에는 기후 관측 사상 처음으로 인도양의 동쪽 바다와 서쪽 바다의 수온 차이가 무려 2도나 벌어지는 대이변이 발생했어요.

인도양 동서쪽의 수온이 크게 차이가 나면서 각 지역의 강수량도 달라지는 현상을 '다이폴(Dipole)'이라고 해요. 다이폴 현상이 심해지면 한쪽에서는 극심한 가뭄이, 반대편에서는 홍수와 같은 폭우가 발생해요.

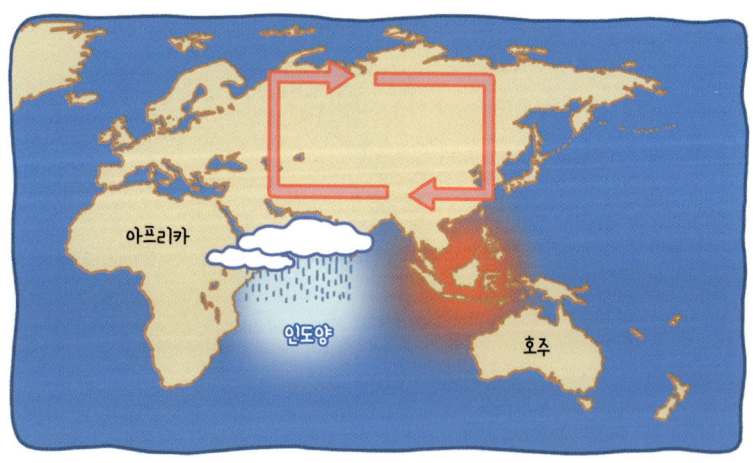
↑ 인도양 다이폴 현상

호주와 인접한 인도양의 동쪽 바다에서 대기 순환 이상이 생겼어요. 차가워진 동쪽 바다 위에서 차가운 공기가 비정상적으로 만들어진 거예요. 차가운 공기는 따뜻한 공기보다 무겁기 때문에 쉽게 위로 올라가지 못하고 주변으로 퍼져요. 차가운 공기가 흩어지면 그 빈 자리로 하늘 위에 있던 공기가 내려오게 되지요. 이렇게 만들어진 하강 기류가 인도양 동쪽에 떠 있던 비구름을 밀어내고, 강한 고기압을 만든 거예요.

결국 호주는 오랜 기간 맑고 건조한 날씨가 이어졌어요. 비가 내리지 않자 흙과 나무가 바짝 말라 버렸고, 강한 햇빛과 폭염이 지속되면서 산불이 나기 쉬운 환경이 만들어졌어요. 특히 강한 고기압이 아주 오랫동안 유지되면서 산불이 쉽게 번지고 진화가 어려운 상태가 되어 버렸지요.

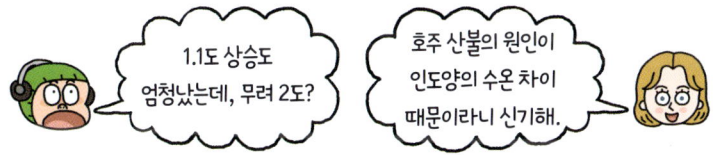

반면에 인도양 서쪽 바다는 평소보다 뜨거워지면서 엄청난 양의 수분이 증발했어요. 수증기가 만들어진 거예요. 뜨거워진 공기는 위로 올라가면서 거대한 비구름과 함께 강한 저기압이 형성됐어요.

지구 전체 순환 시스템에서 물의 양은 한정되어 있어요. 어딘가 비가 많이 내리면 다른 어딘가는 그만큼 비가 내리지 않지요. 서쪽 바다에 형성된 거대한 비구름으로 인해 2019년 10월부터 12월까지 두 달 동안 케냐, 소말리아, 에티오피아 등 동아프리카 지역에서는 기록적인 폭우가 내렸어요. 폭우는 곧 홍수가 되어 농경지를 덮쳤고, 약 300만 명의 이재민이 발생했어요. 또 수백 명이 목숨을 잃었고, 가축과 농작물도 대량으로 사라지며 지역 경제에도 심각한 타격을 주었어요. 여기서 퀴즈!

2019년 아프리카의 폭우가 불러온 또 다른 재앙은 무엇일까요? 이 재앙은 성경에도 나와요.

 노아의 방주를 만들어야 할 만큼 대홍수가 일어났나?

 호주처럼 야생 동물들이 멸종한 거 아닐까요? 생각만 해도 안타까워요.

 반대로 거대한 메뚜기 떼들이 나타났나? 영화처럼 말이야.

 정답. 아프리카 폭우가 불러온 또 다른 재앙은 메뚜기 떼에요. 사막 메뚜기는 습하고, 축축한 환경에서 왕성하게 번식하는 특성이 있어요. 더운 기후에 폭우가 내리면서 메뚜기 떼가 번식하기 좋은 고온 다습한 환경이 만들어진 거지요. 2019년에는 무려 4,000억 마리나 되는 메뚜기 떼가 출몰해 하루에 케냐 전체 인구가 먹을 작물을 먹어치웠어요. 기아에 허덕이던 아프리카의 식량 위기까지 더욱 부추긴 셈이지요.

↑ 아프리카 하늘을 뒤덮은 메뚜기 떼

지구는 하나로 연결되어 있기 때문에 한 지역에서 기후 변화가 일어나면 전 세계에 영향을 미칠 수밖에 없어요. 마치 한 곳에서 시작된 나비의 날갯짓이 지구 반대편에서 큰 태풍을 일으키는 '나비 효과'처럼요.

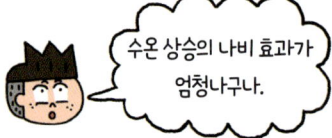

수온 상승의 나비 효과가 엄청나구나.

2019년 인도양의 다이폴 현상으로 인해 인도양 동쪽은 가뭄과 폭염, 서쪽은 폭우와 홍수를 겪었어요. 그 여파는 2020년까지 이어지며, 결국 동아시아에도 대규모 홍수를 일으켰어요.

재난의 시작은 2020년 5월, 중국 중남부에서 벌어졌어요. 장시성과 안후이성, 후베이성 등에 두 달 동안 엄청난 폭우가 쏟아지는 바람에 7천만 명이 넘는 수재민이 발생하고 말았지요. 두 달 후, 중국을 괴롭히던 장마 전선은 동쪽으로 이동했어요. 그리고 일본 규슈 지방에 500밀리미터가 넘는 기록적인 폭우가 쏟아졌어요. 이로 인해 하천 100여 개가 범람했고 축구장 2,100개 넓이의 땅이 침수되었어요. 산사태와 도로 유실, 주택

붕괴 등 심각한 피해가 발생했지요.

동아시아 홍수의 종착지는 우리나라였어요. 2020년 한반도는 역대 가장 긴 장마 기간을 기록했어요. 최대 1,000밀리미터가 넘는 비가 내렸고, 54일 동안 전국 곳곳이 물바다가 되었어요. 이처럼 기후 변화는 한 지역에 한정되지 않고, 지구 전체의 기후 패턴을 바꾸고 있어요.

이제 지구 온난화는 폭염뿐 아니라 홍수에도 영향을 미친다는 사실을 깨달았을 거예요. 지구 온난화로 평균 기온이 1도 오르면 대기 중의 수증기 양은 약 7퍼센트 증가해요. 수증기가 많아질수록 비구름이 더 커지고 폭우가 내릴 확률이 높아지지요. 즉, 지구가 더 뜨거워질수록 비도 더 자주, 더 강하게 내린다는 의미예요.

지구의 온도는 지금 이 순간에도 계속해서 빠르게 오르며 또 다른 기후 변화를 불러오고 있어요. 실제로, 2023년 이후 전 세계적으로 '100년 만의 폭우'가 여러 차례 발생하며 기후 변화의 심각성을 경고하고 있어요.

해수면 상승과 침수 피해 시나리오

지구 온난화로 인도양뿐 아니라 태평양, 대서양, 북극해와 남극해까지 전 세계 바다의 수온이 상승하고 있어요. 그 결과, 그린란드와 남극의 육지 빙하가 빠르게 녹고 있고 북극해에 떠 있는 해빙도 크게 줄고 있어요. 1979년부터 2010년까지 북극해의 해빙 면적은 무려 4분의 3이나 감소했어요. 남극의 육지 빙하 역시 1970년대부터 빠른 속도로 녹아가고 있어요.

극지방의 빙하가 녹아 바다로 흘러가면 해수면이 높아져요. 만약 그린란드 빙하가 모두 녹으면 지구 평균 해수면은 7미터가 상승하고, 남극 빙하까지 전부 녹으면 무려 57미터나 높아진다고 해요. 이렇게 되면 해안 도시는 바닷물에 잠기는 심각한 사태가 벌어질 수 있어요.

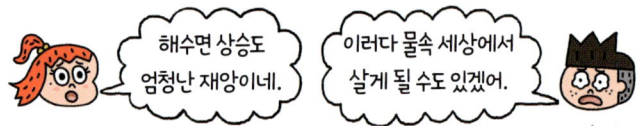

특히 나라 전체가 작은 섬으로 이루어진 섬나라들은 해수면 상승으로 인해 큰 위기에 놓였어요. 남태평양의 투발루는 아홉 개의 작은 산호초 섬으로 이루어진 나라예요. 국토의 80퍼센트가 해발 1미터 이하로 낮아서 점점 물에 잠기고 있어요.

이미 2000년에는 해수면 상승으로 공항이 있던 섬이 통째로 사라지는 일도 있었지요. 그래서 투발루의 외교장관인 사이먼 코페는 수중 기자 회견을 열어 국제 사회에 기후 위기의 심각성을 알리고 대중의 관심을 호소하기도 했어요.

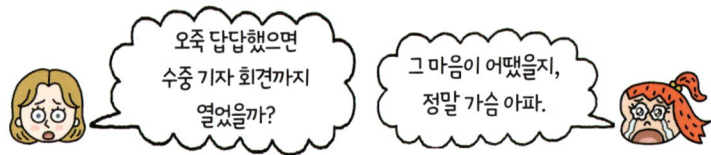

"투발루에서 우리는 기후 변화와 해수면 상승이라는 현실을 살아 내고 있습니다. 눈앞에 닥친 기후 위기에 대응하기 위해 전 세계가 즉각 행동에 나서야 합니다."

투발루뿐만 아니라 몰디브, 키리바시, 마셜 제도 등도 해수

면 상승으로 인해 국가 자체가 사라질 위기에 처해 있어요.

해수면 상승은 몇몇 섬나라만의 문제가 아니에요. 바다와 인접한 모든 나라와 도시가 위협을 받고 있으며, 전 세계 인구 중 최소 1억 명 이상이 영향을 받을 것으로 추정돼요.

2021년, 미국 기후 변화 연구 단체는 지구 온도가 3도까지 오르면 전 세계 여러 도시가 침수될 수 있다고 경고했어요. 해수면 상승으로 인한 침수 피해를 모의실험한 결과, 미국 뉴욕, 호주 시드니, 중국 상하이, 일본 도쿄, 베트남 하노이, 스페인 바르셀로나 등 세계 50개 도시가 물에 잠길 수도 있다는 예측이 나왔어요.

삼면이 바다인 우리나라 역시 해수면 상승에서 자유롭지 않아요. 2030년에 대홍수가 발생하면 국토의 5퍼센트 이상이 물에 잠길 수 있다고 해요. 부산 해운대와 인천 공항이 있는 영종도, 서해안과 남해안의 여러 해안 지역이 침수 피해를 입을 수 있어요. 약 330만 명이 삶의 터전을 잃을 수도 있다는 말이지요. 그야말로 영화에서 보던 어둡고 무서운 미래가 지구의 현실이 될지도 몰라요.

국제 사회의 대응과 우리의 역할

해수면 상승을 막기 위해서는 지구 온난화를 늦추는 것이 가장 중요해요. 현재 지구 평균 온도는 산업화 이전보다 약 1.1도가 오른 상태예요. 하지만 온도가 계속 올라가 2도를 넘는다면, 지구는 돌이킬 수 없는 종말을 맞이할 수도 있어요. 현재의 속도로 온실가스를 내보내면 십수 년 안에 도달할 가능성이 매우 커요.

더 무서운 사실은 우리가 아무리 노력해도 앞으로 10년 안에 1.5도가 상승하는 것을 막기 어렵다는 점이에요. 이미 대기 중에 쌓인 온실가스가 너무 많기 때문에 탄소 배출을 줄여도 지구 온도가 뜨거워지는 걸 단기간에 막을 수 없기 때문이지요. 더구나 '1.5도'를 넘어 '2도' 이상 오르게 되면 그 후에는 어떤 노력을 해도 소용이 없어요. 그러니까 '2도'는 돌이킬 수 없는 상태가 되기 전에 인류 멸망을 막기 위한 마지막 방어선이에요. 2100년까지 지구 평균 온도가 과거 산업 활동 이전보다 2도 이내로만 오르도록 유지할 수 있느냐에 따라 인류는 생존할 수도, 멸종할 수도 있어요.

전 세계 각국은 기후 변화 대응을 위해 다양한 노력을 기울이고 있어요. 독일은 2019년에 '연방 기후 보호법'을 제정하여

1990년 대비 온실가스 배출량을 2040년까지 최소 88퍼센트 줄이기로 했어요. 미국은 2021년에 '인프라 투자 및 일자리법'을 통해 청정에너지 전력망을 구축하고, 전기차 보급을 확대하며 에너지 효율을 높이는 등의 환경 정책과 목표에 약 1.2조 달러를 투자하면서 기후 변화에 적극 대응하고 있어요.

이러한 정부의 노력과 함께, 우리 개인의 작은 실천으로도 큰 변화를 만들 수 있어요. 일상에서 플라스틱 사용을 줄이고 재활용을 생활화하며, 대중교통을 이용하고 에너지를 절약하는 등의 노력이 모이면 기후 위기를 극복하는 데 큰 도움이 될 거예요. 우리의 미래는 지금 우리가 어떤 선택을 하느냐에 달려 있다는 걸 잊지 말아요.

호주 화재 현장에서 살아남은 한 생존자의 말로, 오늘 히스토리 여행을 마무리할게요.

"우리는 화재로부터 빠져나왔지만 동시에 또 다른 화재를 향해 가고 있다. 우리가 이 사회를 바꾸기 위해 노력하지 않는다면 산불은 계속될 것이다."

"교수님, 이번 여행에서 환경 오염과 기후 위기의 역사를 새롭게 알게 돼서 재밌었어요! 축구만큼 환경도 더 열심히 보호해야겠어요."

공차연이 축구를 하는 것처럼 방방 뛰며 말했어요. 그런데 강하군은 옆에서 고개를 푹 숙이고 있었어요.

"환경 문제는 어른들의 몫이라고, 내가 신경 쓴다고 바뀔 일은 없을 거라고 생각했어요. 하지만 그건 잘못된 생각이었던 것 같아요."

"괜찮아요. 앞으로 우리 한 사람 한 사람의 작은 실천이 모이면 큰 변화를 만들 수 있을 거예요. 그럼 지구를 살리기 위해 우리는 무엇을 할 수 있을까요?"

"매일 쓰는 플라스틱과 일회용품 사용을 줄이고, 분리수거를 철저히 해야 해요."

환경 운동가를 꿈꾸는 제니가 가장 먼저 큰 소리로 외치자, 이에 질세라 공차연과 왕봉구가 나란히 대답했어요.

"물을 깨끗하게 쓰고, 에어컨 사용을 줄여서 에너지를 아껴야 해요."

"고기보단 과일과 채소를 많이 먹고, 먼 곳보다 가까운 곳에서 난 재료를 구입해서 탄소 배출을 줄여야 해요."

"하하, 맞아요. 여러분 모두 지구 지킴이가 다 되었네요. 지구 온난화 속도를 늦추는 일은 매우 절실한 문제에요. 환경을 오염시키고 망가뜨린 과거의 실수를 더는 되풀이하면 안 돼요. 인류 생존을 위해서라도 우리는 꼭 바뀌어야 해요. 그것이 우리가 기후 변화의 역사를 배우는 이유랍니다."

그때 누군가의 배에서 '꼬르륵' 하는 소리가 들렸어요.

"앗! 밥 먹을 시간인가 봐. 너희들도 배고프지?"

얼굴이 빨개진 왕봉구의 너스레에 모두 웃음을 터뜨렸어요.

"든든하게 잘 먹어야 지구도 열심히 지키고, 다음 세계사 여행도 신나게 떠날 수 있겠죠. 그럼 오늘 여행은 이만 마칠게요. 다음 시간에 만나요!"

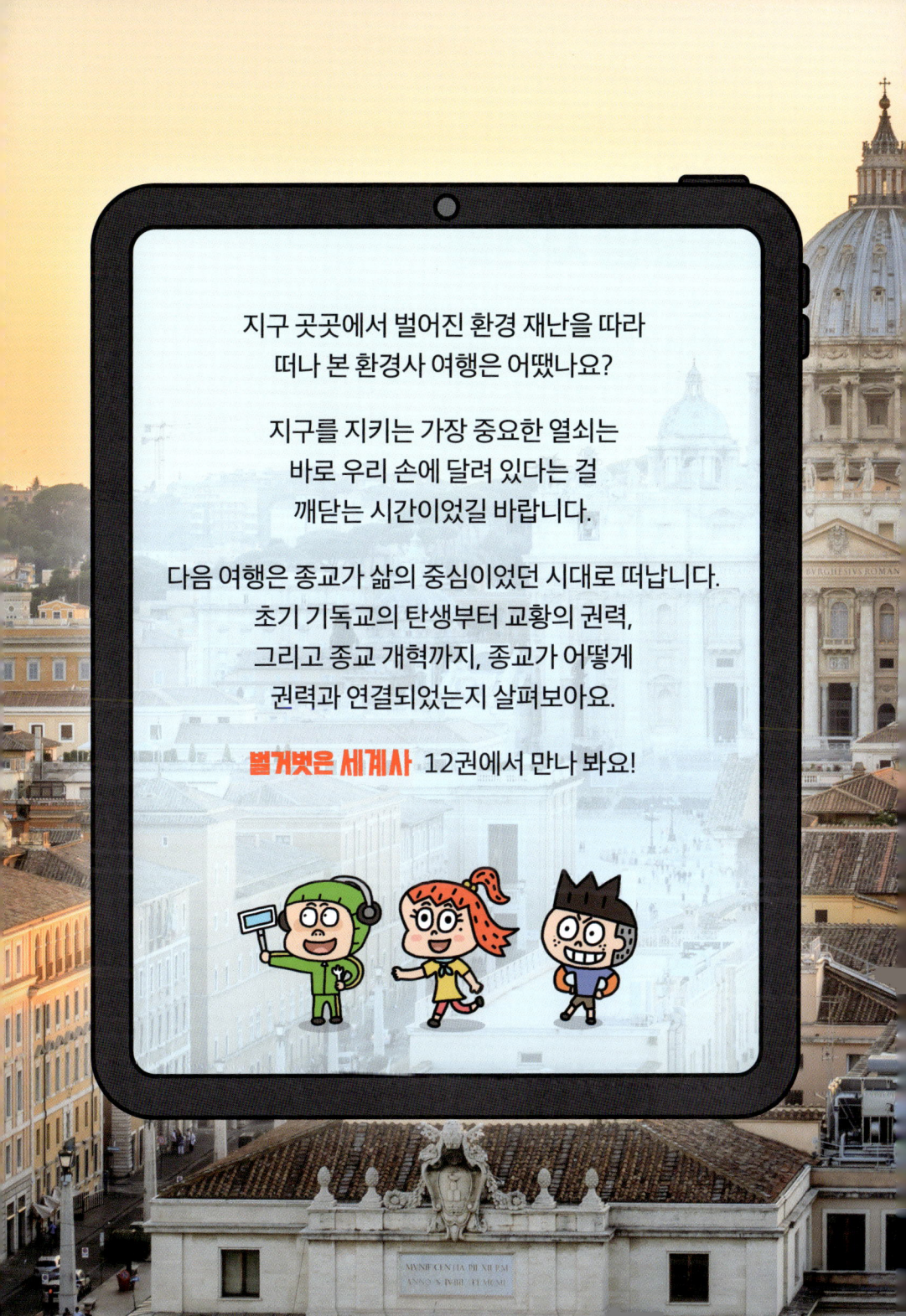

지구 곳곳에서 벌어진 환경 재난을 따라
떠나 본 환경사 여행은 어땠나요?

지구를 지키는 가장 중요한 열쇠는
바로 우리 손에 달려 있다는 걸
깨닫는 시간이었길 바랍니다.

다음 여행은 종교가 삶의 중심이었던 시대로 떠납니다.
초기 기독교의 탄생부터 교황의 권력,
그리고 종교 개혁까지, 종교가 어떻게
권력과 연결되었는지 살펴보아요.

벌거벗은 세계사 12권에서 만나 봐요!

역사 정보 ❶ 다른 시대 살펴보기

최악의 환경 오염 사건들

인류는 산업 혁명 이후 경제 발전과 인간의 이익을 앞세우며 자연과 환경에 엄청난 피해를 입혔어요.
세계적으로 큰 문제를 일으켰던 최악의 환경 오염 사건들을 알아보아요.

런던 스모그 참사

18세기 산업 혁명이 시작된 영국에서는 석탄을 난방과 산업용 연료로 사용하면서 대기 오염이 심각해졌어요. 특히 런던은 오염 물질이 쌓이며 '짙은 안개의 도시'로 불렸어요. 그러다 1952년 12월, 최악의 스모그 사건이 발생했어요. 석탄 연소에서 나온 연기가 안개와 섞이며 도시 전체를 뒤덮은 거예요. 스모그(smog)는 연기(smoke)와 안개(fog)의 합성어로, 오염된 공기가 머무르는 현상을 뜻해요. 당시 공기 중 아황산가스가 황산가스로 변하면서 많은 사람이 호흡 곤란과 눈 염증을 겪었어요. 스모그는 5일간 지속되었고, 1만 2천 명 이상이 사망했어요. 이 사건 이후 영국 정부는 대기 오염 방지 정책을 강화했고, 런던 스모그는 환경 문제의 심각성을 알린 대표적인 사례로 남았어요.

↑ 런던 스모그 사건 당시 넬슨 기념탑

체르노빌 원자력 발전소 사고

1986년 4월, 우크라이나 체르노빌 원자력 발전소에서 원자로 폭발 사고가 발생했어요. 원자로 설계 문제와 기술자들의 실수로 엄청난 양의 방사능이 누출되었고, 방사성 물질은 유럽 전역으로 퍼졌어요. 방사능에 노출되면 백혈병, 암 등 심각한 질병을 일으킬 수 있어요.

우크라이나 정부는 이 사고로 약 3,500명이 사망했다고 발표했지만, 실제 피해자는 수십만 명에 이를 것으로 추정돼요. 또한 기형아 출생률이 증가하는 등 건강 피해가 계속 보고되었어요. 체르노빌 원전 주변 지역은 방사능 오염이 심해 오랫동안 사람이 거주하기 어려운 곳이 되었어요. 이 사고 이후 유럽에서는 원전 반대 운동이 거세졌고, 2000년 12월에 체르노빌 원전은 영구 폐쇄되었어요.

사고 30년 후에도 발견되는 폭발 사고 잔해 ↑

내일을 지키는
환경 운동가

개인의 이익이 아닌 모두를 위해 자연과 환경을 지키고 보호하는 데 앞장서는 사람들이 있어요. 작은 실천으로 더 나은 내일을 만들어 가는 환경 운동가들을 만나 보아요.

기후 파업을 이끈 청소년 환경 운동가, 그레타 툰베리

↑ 그레타 툰베리

그레타 툰베리는 2003년에 스웨덴의 스톡홀름에서 태어난 환경 운동가예요. 툰베리는 8살 때 기후 변화의 심각성을 알게 된 후, 사람들이 왜 아무런 행동을 하지 않는지 의문을 품었어요.

15살이 된 2018년에는 온실가스 배출을 줄여야 한다며 등교를 거부하고, 스웨덴 국회의사당 앞에서 1인 시위를 시작했지요. 이른바 '기후 파업'은 몇 달 만에 전 세계 수백만 명의 학생이 동참하는 '미래를 위한 금요일' 운동으로 확산됐어요.

다음 해인 2019년 9월에는 탄소 배출을 줄이기 위해 태양광 요트를 타고 대서양 4,800킬로미터를 건너 뉴욕에서 열린 UN 기후 행동 정상 회의에 참

석했어요. 이곳에서 툰베리는 국제 사회가 기후 위기에 즉각 대응할 것을 요구하며 강력한 메시지를 던졌어요. 지금도 툰베리는 기후 위기 앞에서 변화를 외치며 세상을 바꿔 가고 있어요.

오션 클린업 CEO '보얀 슬랫'

2011년, 16살의 네덜란드 소년인 보얀 슬랫은 지중해에서 스쿠버다이빙을 하다 큰 충격을 받았어요. 바닷속에 물고기보다 플라스틱 쓰레기가 더 많음에도 불구하고, 막대한 청소 비용 때문에 방치된다는 사실을 알게 된 거예요. 이에 학업을 중단하고 크라우드 펀딩으로 24억 원을 모아 2014년에 비영리 환경 단체인 오션 클린업을 설립했어요. 그는 해류가 모이는 길목에 긴 튜브 장벽을 설치해 바닷물이 스스로 쓰레기를 모아 주는 수거 시스템을 고안했어요. 이

보얀 슬랫 ↑

방식은 기존 수거 방식보다 비용이 33배 적게 들지만, 속도는 7,900배나 빨랐지요. 수거된 쓰레기는 육지로 옮겨져 재활용할 수도 있었어요. 보얀은 플라스틱 오염 문제 해결을 위해 지금도 새로운 기술을 개발하며 노력하고 있답니다.

History Airline

역사 정보 ❸ 국제 협력의 역사

지구를 지키는 국제기구들

지구촌에서 일어나는 기후 위기는 어느 한 나라만의 문제가 아니에요.
국제 사회가 함께 힘을 합쳐 해결해야 할 공통의 숙제이지요.
그 해법을 찾기 위해 노력하는 국제 환경 단체들을 살펴보아요.

지구를 지키는 국제 협력 기구, 유엔환경계획(UNEP)

↑ 유엔환경계획(UNEP)

유엔환경계획은 1972년에 제27차 유엔총회 결의에 따라 유엔 본부 아래 설치된 환경 전담 국제기구에요. '둘도 없는 지구'라는 슬로건 아래, 세계 각국에 닥친 지구 환경 문제를 함께 해결하고, 국제적 협력을 이끌어 내기 위해 만들어졌어요. 케냐 나이로비에 본부를 두고 기후 변화, 재해, 분쟁, 생태계 관리, 환경 정책 등 여러 분야에서 다양한 프로그램을 운영하고 있어요.

자연 보존과 회복을 돕는 세계자연보호기금(WWF)

세계자연보호기금은 스위스의 글랑에 본부를 두고 활동하는 국제 비정부 기구예요. 1961년에 희귀 동물 보호를 위해 설립되었어요. 처음에는 '세계 야생생물기금'이라고 불렸는데, 1986년에 지금의 이름으로 바뀌었어요. 세계자연보호기금은 국경과 문화, 종교를 넘어 지구의 온난화와 오염을 막고

History information

세계자연보호기금(WWF) ↑

모든 생물을 보호하는 것을 목표로 기금을 모으고 있어요. 이 기금은 동물과 식물 종 보전, 멸종 위기종 보호, 자연 보호 구역 설립 등을 위해 사용돼요. 또한 기후 변화에 대응하기 위해 온실가스 배출 감소와 재생 에너지 활성화에도 앞장서고 있어요.

야생 동물 보호에 앞장서는 그린피스(Greenpeace)

그린피스는 국가가 아닌 시민들이 모여 만든 대표적인 비정부기구예요. 1971년에 미국의 알래스카 암치카섬에서 핵 실험을 하려는 걸 막기 위해 처음으로 모였어요. 이후 불법 어업, 기후 변화, 산림 보호 등 다양한 환경 문제 해결을 위해 애쓰고 있지요. 고래를 몰래 사냥한 나라에 대해서 '그 나라 제품 사지 않기' 운동을 펼치는 등 적극적인 활동을 하고 있어요.

역사 정보 ❹ 오늘날의 역사

영국과 호주의
환경 정책

오래전부터 지구촌의 여러 나라들은 기후 변화를 걱정해 왔어요.
기후 위기에 적극적으로 대응하며 움직이고 있는 두 나라,
영국과 호주의 환경 정책을 알아보아요.

산업화를 이끈 영국의 환경 정책

영국은 산업 혁명 이후 석탄을 가장 많이 사용한 나라 중 하나로, 일찍 환경 문제를 겪으며 기후 변화 대응에 앞장서고 있어요. 런던 스모그 사건을 계기로 대기 오염 문제에 힘쓰면서, 1990년대부터 풍력·태양광 발전 등 재생 에너지 전환에 집중했어요. 2008년에는 세계 최초로 기후 변화법을 제정해 온실가스 감축을 의무화했고, 탄소 가격 정책을 도입해 석탄 사용을 줄이려 했어요. 2021년에는 2035년까지 온실가스 배출량을 1990년 대비 78퍼센트 줄이겠다는 목표를 발표하며, 기후 변화 총회 의장국으로 국제적

↓ 영국 버킹엄 궁전

인 대응을 촉구했어요. 또 2050년까지 탄소 순배출량을 0으로 만드는 '넷 제로(Net Zero)' 정책을 추진하며, 매년 목표 달성 여부를 점검하고 있어요.

대자연의 나라, 호주의 환경 정책

호주는 천혜의 자연환경을 가졌지만, 오랫동안 석탄 수출국으로 기후 위기 대응이 소극적이라는 평가를 받아 왔어요. 그러나 대형 산불과 가뭄 같은 자연재해로 큰 피해를 입은 뒤, 강력한 친환경 정책을 내놓기 시작했어요. 2021년, 파리 협정에 서명한 이후 국제적인 기후 변화 대응에 적극적으로 참여하고 있으며, 2022년에는 기후 변화법을 통과시켜 2030년까지 2005년 대비 탄소 배출량을 43퍼센트 감축하고, 2050년까지 탄소 중립을 이루겠다는 목표를 공식화했어요. 또 해양 보호 구역을 확대하고, 산호 백화 현상 방지 연구를 진행하며, 멸종 위기에 처한 동식물 보호와 자연 서식지 복원에도 힘쓰고 있어요.

호주 시드니 오페라 하우스와 하버 브리지

쓰레기통이 된 바다와 지구 온난화

쓰레기로 오염된 바다와 지구 온난화로 인한 재난을 살펴보고, 해결 방법을 정리해 보아요.

바다 오염

배경
- 플라스틱 사용 폭증
- 산업 폐기물 및 생활 쓰레기 무단 투기
- 어업 활동 중 폐그물, 폐플라스틱 유출
- 해류를 따라 떠다니는 쓰레기

문제점
- 해양 생물의 피해
- 미세플라스틱으로 인한 오염
- 어업·관광 산업 타격

전개 과정
- 해양 생물의 서식지 파괴
- 북태평양 쓰레기 섬 확산
- 각국에서 바다 정화 활동 시작

결과와 해결 방안
- 국제 해양 보호 협약 추진
- 플라스틱 사용 규제 및 재활용 확대
- 친환경 대체 소재 개발
- 해양 쓰레기 수거 기술 발전

지구 온난화

배경
- 석탄·석유 등 화석 연료 과다 사용
- 열대 우림 파괴로 인한 탄소 흡수 감소
- 공장, 자동차 배기가스 배출 증가
- 이산화탄소, 메탄가스 등 온실가스 급증

문제점
- 이상 기후 현상 증가
- 북극·남극 빙하 감소 → 해수면 상승
- 가뭄, 산불, 농업 생산량 감소 → 식량 위기
- 기후 난민 증가

전개 과정
- 극한 기후 사건 빈번
- 일부 도시는 물에 잠길 위기
- 세계 각국, 탄소 배출 감축 논의 시작

결과와 해결 방안
- '탄소 중립' 선언 → 2050년까지 탄소 배출 0 목표
- 재생 에너지 사용 확대
- 산림 복원 프로젝트 진행
- 친환경 기술 개발

벌거벗은 세계사 퀴즈 바다 오염 편

1 프린세스 앨리스호가 침몰했던 때의 사실과 <u>다른</u> 것을 골라 보세요. ( )

① 프린세스 앨리스호는 석탄 운반선인 바이웰 캐슬과 충돌하면서 침몰했다.

② 사고 당시 템스강은 비교적 깨끗한 상태였으며, 대부분의 승객들은 익사로 사망했다.

③ 사고 이후 템스강의 오염 문제를 심각하게 인식하기 시작했다.

④ 해양 안전 문제뿐만 아니라 환경 문제에 대한 경각심을 높이는 계기가 되었다.

2 미세플라스틱이 알프스산맥까지 도달하는 과정을 시간 순서에 따라 알맞게 번호를 쓴 것을 골라 보세요. ( )

㉠ 바닷물 속 미세플라스틱이 햇빛과 파도에 의해 더 잘게 쪼개진다.

㉡ 미세플라스틱이 공기 중에 섞여 구름 속으로 들어간다.

㉢ 미세플라스틱이 산 정상에서 눈과 함께 발견된다.

㉣ 미세플라스틱이 바람을 타고 이동한다.

① ㉠→㉣→㉡→㉢ ② ㉡→㉢→㉠→㉣
③ ㉢→㉣→㉠→㉡ ④ ㉣→㉡→㉠→㉢

History Quiz

 다음 설명과 관련 있는 국제 협약을 빈칸에 써 보세요.

> 이 협약은 해양 오염을 방지하기 위해 1972년에 체결되었으며, 바다에 폐기물과 유독성 물질을 무분별하게 버리는 것을 금지하는 내용을 담고 있다.

 쿠야호가강 화재 사건에 대한 설명으로 맞으면 O, 틀리면 X를 선택하세요.

> 1969년, 강 위를 지나던 화물 열차에서 떨어진 불꽃이 기름층에 붙어 화재가 발생했다.

> 쿠야호가강은 예로부터 물이 맑고 깨끗한 강으로 유명했다.

> 화재 이후 체결된 런던 협약은 강제성이 없어 제대로 지켜지지 않았다.

> 화재 이후, 세계 모든 나라가 해양 오염을 완전히 막을 수 있는 강력한 법을 만들었다.

벌거벗은 세계사 퀴즈 기후 재난 편

1 다음 빈칸에 알맞은 기호를 써서 바다 속 지구 온난화 현상과 관련된 설명을 완성해 보세요.

〈보기〉
㉠ 백화　　㉡ 이산화탄소　　㉢ 식물성 플랑크톤

① 산호와 함께 살아가며 영양분을 공급하는 생물은 (　　) 이다.

② 바다 수온이 상승하면 산호가 살아가는 데 필수적인 생물이 떠나면서, 산호는 하얗게 변하는 (　　) 현상을 겪는다.

③ 미세플라스틱이 분해될 때 발생하는 (　　)가 바닷물에 녹아 산성이 높아져서, 산호의 골격을 약하게 만든다.

2 1961년 희귀 동물 보호를 위해 설립되어 동식물의 종 보전 등을 위해 활동하는 국제 환경 보호 단체의 이름을 써 보세요.

(WWF)

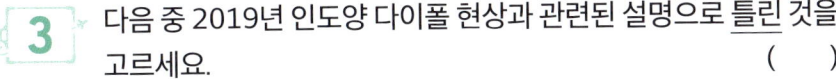

3 다음 중 2019년 인도양 다이폴 현상과 관련된 설명으로 <u>틀린</u> 것을 고르세요. ( )

① 2019년, 인도양에서 동쪽과 서쪽의 수온 차이가 벌어지면서 한쪽에서는 가뭄과 폭염이, 다른 한쪽에서는 폭우와 홍수가 발생했다.

② 인도양 서쪽 바다는 수온이 높아지면서 수증기가 많이 발생했고, 동아프리카 지역에서는 기록적인 폭우가 내렸다.

③ 인도양 다이폴 현상이 심할수록 호주는 더욱 많은 강수량을 기록하며, 홍수 위험이 증가하는 특징이 있다.

④ 인도양 다이폴 현상은 2020년까지 지속되며 동아시아 지역에도 영향을 미쳐, 중국·일본·한국에서 대규모 홍수가 발생하는 원인이 되었다.

4 다음 설명을 보고 알맞은 단어를 초성에 맞춰 써 보세요.

- 산불이 발생한 지역에서 뜨거운 공기가 빠르게 상승하며 만들어지는 거대한 불 회오리
- 강한 바람을 동반해 화재를 더욱 확산시키는 자연 현상

ㅎ ㅇ ㅌ ㄴ ㅇ ㄷ

벌거벗은 세계사 퀴즈 정답

바다오염편

1 ✓② 사고 당시 템스강은 비교적 깨끗한 상태였으며, 대부분의 승객들은 익사로 사망했다.

해설 템스강 침몰 사고를 당한 승객들은 템스강의 오염된 폐수를 마셔 질식사했다.

2 ✓① ㉠ → ㉢ → ㉡ → ㉣

4
- 1969년, 강 위를 지나던 화물 열차에서 떨어진 불꽃이 기름층에 붙어 화재가 발생했다. **O**
- 쿠야호가강은 예로부터 물이 맑고 깨끗한 강으로 유명했다. **X**
- 화재 이후 체결된 런던 협약은 강제성이 없어 제대로 지켜지지 않았다. **O**
- 화재 이후, 세계 모든 나라가 해양 오염을 완전히 막을 수 있는 강력한 법을 만들었다. **X**

3 런던 협약

기후재난편

1 ①-㉢ / ②-㉠ / ③-㉡

2 세계자연보호기금

3 ✓③ 인도양 다이폴 현상이 심할수록 호주는 더욱 많은 강수량을 기록하며, 홍수 위험이 증가하는 특징이 있다.

해설 인도양 다이폴 현상이 심각해지면 호주는 건조해져서 산불이 나기 쉬워진다.

4 화염 토네이도

사진 출처

18쪽 영국 국기_위키미디어 ｜ 20쪽 영국 템스강_위키미디어 ｜ 21쪽 옥스퍼드-케임브리지 보트 경주 그림_게티이미지뱅크 ｜ 22쪽 죽음의 강이 된 템스강_위키미디어 ｜ 24쪽 프린세스 앨리스호 침몰 사고 당시 팸플릿_위키미디어 ｜ 28쪽 나무에서 나오는 천연수지_Prof OJ · 위키미디어 ｜ 36쪽 북태평양 쓰레기 섬_위키미디어 ｜ 37쪽 플라스틱 쓰레기를 치우는 사람_위키미디어 ｜ 45쪽 멸종 위기의 바다거북_위키미디어 ｜ 46쪽 비닐봉지를 가지고 노는 돌고래_게티이미지코리아 ｜ 48쪽 새의 배 속 플라스틱 쓰레기_위키미디어 ｜ 49쪽 미세플라스틱_위키미디어 ｜ 56쪽 호주 국기_위키미디어 ｜ 58쪽 호주 그레이트배리어리프_위키미디어 · Ank Kumar ｜ 59쪽 호주 그레이트배리어리프 산호초_위키미디어 · Gökhan Tolun ｜ 61쪽 백화 현상이 나타난 산호_위키미디어 ｜ 65쪽 공장에서 발생하는 매연_게티이미지뱅크 ｜ 66쪽 2015년 5월 평균 해수면 온도 편차_NASA ｜ 71쪽 일본에서 고래를 포획하는 모습_위키미디어 ｜ 74쪽 딥워터 호라이즌호 폭발 사고_위키미디어 ｜ 75쪽 기름에 뒤덮인 펠리컨_위키미디어 ｜ 75쪽 기름이 묻은 바다거북_위키미디어 · NOAA의 국립 해양 서비스 ｜ 78쪽 호주 시드니 오페라 하우스_위키미디어 ｜ 82쪽 2019년 호주 캥거루 아일랜드 산불_위키미디어 ｜ 84쪽 화염 토네이도_위키미디어 ｜ 87쪽 말라쿠타 화재로 불에 탄 자전거_위키미디어 · Cazz ｜ 88쪽 산불 연기로 가득한 말라쿠타_위키미디어 ｜ 90쪽 캔버라 거리에 내린 우박_위키미디어 ｜ 90쪽 우박으로 파손된 자동차_위키미디어 · Kgbo ｜ 95쪽 2023년 캐나다 산불로 인한 파괴 흔적_위키미디어 · 코페르니쿠스 센티넬 데이터 2023 ｜ 100쪽 아프리카 하늘을 뒤덮은 메뚜기 떼_위키미디어 ｜ 108쪽 산호 바다_게티이미지뱅크 ｜ 111쪽 로마 성 베드로 대성당_위키미디어 ｜ 112쪽 런던 스모그 사건 당시 넬슨 기념탑_위키미디어 · N T Stobbs ｜ 113쪽 사고 30년 후에도 발견되는 폭발 사고 잔해_위키미디어 ｜ 114쪽 그레타 툰베리_위키미디어 · Anders Hellberg ｜ 115쪽 보얀 슬랫_위키미디어 · Ministerie van Buitenlandse Zaken ｜ 116쪽 UNEP_위키미디어 ｜ 117쪽 WWF_위키미디어 ｜ 118쪽 영국 버킹엄 궁전_위키미디어 ｜ 119쪽 호주 시드니 오페라 하우스와 하버브리지_위키미디어 · Benh LIEU SONG

벌거벗은 세계사
⓫ 바다 오염과 기후 위기로 보는 지구 환경사

기획 tvN 〈벌거벗은 세계사〉 제작진 | 글 이현희 | 그림 최호정 | 감수 남성현·안윤주

1판 1쇄 발행 | 2025년 5월 21일
1판 2쇄 발행 | 2025년 10월 1일

펴낸이 | 김영곤
프로젝트1팀장 | 이명선
기획개발 | 채현지 김현정 권정화 우경진 오지애 최지현 서세원
영업팀 | 정지은 한충희 남정한 장철용 강경남 황성진 김도연 이민재
디자인 | 윤수경 **구성** | 김익선 **제작팀** | 이영민 권경민

펴낸곳 | (주)북이십일 아울북
등록번호 | 제406-2003-061호 **등록일자** | 2000년 5월 6일
주소 | 경기도 파주시 회동길 201(문발동) (우 10881)
전화 | 031-955-2145(기획개발), 031-955-2100(마케팅·영업·독자문의)
브랜드 사업 문의 | license21@book21.co.kr
팩시밀리 | 031-955-2177
홈페이지 | www.book21.com

ISBN | 979-11-7357-261-6
ISBN | 978-89-509-0082-3(세트)

Copyright©2025 Book21 아울북 · CJ ENM. ALL RIGHTS RESERVED.
이 책을 무단 복사·복제·전재하는 것은 저작권법에 저촉됩니다.

* 잘못 만들어진 책은 구입하신 서점에서 교환해 드립니다.
* 가격은 책 뒤표지에 있습니다.

⚠ **주의** 1. 책 모서리가 날카로워 다칠 수 있으니 사람을 향해 던지거나 떨어뜨리지 마십시오.
　　　　 2. 보관 시 직사광선이나 습기 찬 곳을 피해 주십시오.

다양한 SNS 채널에서 아울북과 을파소의 더 많은 이야기를 만나세요.

인스타그램
@owlbook21

페이스북
@owlbook21

유튜브
@아울북&을파소

・제조자명: (주)북이십일
・주소 및 전화번호: 경기도 파주시 회동길 201(문발동)/031-955-2100
・제조연월: 2025.10.01
・제조국명: 대한민국
・사용연령: 3세 이상 어린이 제품

・**일러두기** 이 책에 나오는 지명과 인명은 《표준국어대사전》을 따라 표기하였고,
　　　　 규범 표기가 미확정일 경우 감수자의 자문을 거쳐 학계의 표기를 따랐습니다.

벌거벗은 한국사 퀴즈

비교하면 더 잘 보이는 역사!

서로 다른 시대, 다른 나라의 사건이라도
놀랍게 닮은 장면이 숨어 있을지도 몰라요.
벌거벗은 한국사 퀴즈를 풀며 숨은 연결 고리를 찾아보세요!

1. 다음 인물에 대한 설명으로 옳은 것은? [ ]

> **한글을 사랑한 ○○○**
> - 호: 한힌샘, 백천( )
> - 생몰: 1876년~1914년
> - 주요 활동: 독립신문 교보원 활동
>   국문동식회 조직
>   《국어문법》,《말의 소리》 저술
> - 서훈: 1980년 건국 훈장 대통령장

① 잡지 한글을 간행하였다.
② 한글 맞춤법 통일안을 제정하였다.
③ 가갸날을 제정하고 기념식을 거행했다.
④ 국문 연구소에서 한글 연구를 체계화하였다..

2. 일제가 민족 말살 정책으로 펼친 것이 아닌 것은? [ ]

① 황국 신민 서사 암송　② 창씨 개명
③ 헌병 경찰 제도　　　④ 조선어 과목 폐지